Das Buch:
John Blake ist mit den Nerven am Ende: seine Arbeit macht ihm keine Freude mehr, denn Chef und Kollegen nutzen ihn schamlos aus, und die Lorbeeren für seine Erfolge heimsen andere ein. Sein Privatleben existiert so gut wie nicht, er ist einsam, und das bringt ihn zur Verzweiflung. Änderung tut not, doch was tun? Da macht er die Bekanntschaft des alten, weisen Millionärs ...
Der Weg zu Weisheit und Wohlstand muß Schritt für Schritt gegangen werden und ist manchmal hart gepflastert; aber mit Konzentration, Hingabe und Beharrlichkeit erschließt er sich all jenen, die groß denken können. Denn alles ist möglich, für jeden von uns, jetzt und hier in diesem Leben!

Der Autor:
Mittlerweile selbst ein »Instant-Millionär«, entdeckte Mark Fisher, nachdem er einige Jahre in der Immobilienbranche und der Werbung tätig gewesen war, daß seine eigentliche Leidenschaft dem Schreiben galt. Als er dann den Mut aufbrachte, seinen Traum zu verwirklichen, schrieb er den bekannten Motivationsklassiker »The Instant Millionaire« (deutscher Titel: Das innere Geheimnis des Reichtums). Heute lebt er teils in Santa Monica, Kalifornien, teils in Montreal, Kanada.

Mark Fisher

Der alte Mann und das Geheimnis der Rose

Wege zu
Wohlstand und Weisheit

Für Nityananda

ISBN 3-89767-125-5

Copyright der deutschsprachigen Ausgabe
© 1997 by Schirner Verlag, Darmstadt
Titel der Originalausgabe: The Millionaire's Secrets, ISBN 0-684-80281-3
Copyright © 1996 by Mark Fisher.
All rights reserved.
Published by arrangement with the original publisher,
Simon & Schuster, Inc.
Dritte Auflage 2001
Alle Rechte der Verbreitung im deutschen Sprachraum vorbehalten
Übersetzung: Heidemarie Pielmeier
Redaktion und Satz: Kirsten Glück
Umschlaggestaltung: Friedhelm Meinaß
Herstellung: Reyhani Druck + Verlag, Darmstadt
Printed in Germany

Inhaltsverzeichnis

Anstelle eines Vorworts 7

Kapitel 1: 9
  In welchem der junge Mann fühlt, daß er sich seiner Arbeit entfremdet hat
Kapitel 2: 19
  In welchem der junge Mann seine erste echte Chance bekommt
Kapitel 3 27
  In welchem dem jungen Mann wieder Flügel wachsen
Kapitel 4 33
  In welchem der junge Mann versagt
Kapitel 5 39
  In welchem der junge Mann einen bemerkenswerten Bettler trifft
Kapitel 6 45
  In welchem der Millionär dem jungen Mann beibringt, zu denken wie ein Millionär
Kapitel 7 51
  In welchem der junge Mann entdeckt, daß er beides zur gleichen Zeit sein kann, der Gärtner und die Rose
Kapitel 8 59
  In welchem der junge Mann lernt, sich zu konzentrieren
Kapitel 9 69
  In welchem der junge Mann die Kraft des Vertrauens kennenlernt
Kapitel 10 77
  In welchem der junge Mann in Erinnerungen schwelgt
Kapitel 11 87
  In welchem der junge Mann die geheime Bedeutung des Lebens kennenlernt
Kapitel 12 97
  In welchem sich das Schicksal des jungen Mannes erfüllt

Kapitel 13 107
In welchem der junge Mann die schwierigste Entscheidung seines Lebens fällen muß
Kapitel 14 115
In welchem der junge Mann zwischen Licht und Dunkelheit wählen muß
Kapitel 15 119
In welchem der junge Mann sich entschlossen an die Arbeit macht
Kapitel 16 125
In welchem der junge Mann erfährt, was Demütigung heißt
Kapitel 17 133
In welchem der junge Mann das ewige Leben entdeckt
Kapitel 18 141
In welchem der junge Mann die Kraft entdeckt, die in einem festen Ziel liegt
Kapitel 19 153
In welchem der junge Mann über das Leben nachdenkt, das er verloren hat
Kapitel 20 159
In welchem der junge Mann den Wert der Beharrlichkeit entdeckt
Kapitel 21 171
In welchem der junge Mann alles riskiert
Kapitel 22 181
In welchem der junge Mann die Kunst der Verhandlung entdeckt
Kapitel 23 189
In welchem der junge Mann den Fuchs überlistet
Kapitel 24 199
In welchem der junge Mann den Grund für sein schweres Leid entdeckt
Kapitel 25 213
In welchem der junge Mann den Edelmut der Liebe entdeckt
Epilog 223

Anstelle eines Vorworts

Als Rainer Maria Rilke das erste Mal in Paris weilte, nahm er mittags in Begleitung einer jungen Französin stets denselben Weg. Dieser führte ihn auch an einem Platz vorbei, auf dem an immer der gleichen Ecke eine alte Frau saß, die ihre Hand aufhielt, jedoch nie laut bettelte und niemanden anschaute. Die Menschen, die ihr etwas gaben, würdigte sie weder eines Blickes noch eines Dankeswortes.

Rilkes Begleiterin legte der Bettlerin des öfteren eine Münze in die hingehaltene Hand, Rilke selbst allerdings nie. Nachdem sie wieder einmal etwas gegeben hatte, fragte sie Rilke schließlich, wie er denn so scheinbar ungerührt vorbeigehen könne. Rilke erwiderte: »Nicht ihre Hand leidet Mangel, sondern ihr Herz.«

Ein paar Tage später verließen sie, wie gewohnt, ihre Unterkunft, um sich auf den mittäglichen Weg zu begeben. Vor dem Haus stand ein Rosenbusch, von dem sich Rilke einen Stiel mit einer eben erblühten Knospe brach. Als sie die Bettlerin passierten, legte Rilke ihr die Rose vorsichtig in die geöffnete Hand.

Gerade wollte er weitergehen, als die Bettlerin unvermutet den Kopf hob und ihn anblickte. Sie ergriff seine Hand, drückte schnell einen Kuß darauf und sagte rauh: »Danke.« Dann rappelte sie sich mühsam auf und ging davon.

Weder am nächsten Tag noch in der darauffolgenden Woche tauchte sie an ihrer Ecke auf. Rilkes Begleiterin fragte sich allmählich besorgt, ob ihr etwas zugestoßen sein möge. Nach acht Tagen schließlich saß sie wieder an ihrem Platz, als ob nichts gewesen wäre, und hielt den Passanten ihre Hand entgegen, wort- und blicklos wie ehedem. Rilkes Begleiterin fragte: »Wovon hat sie wohl all die Tage gelebt, an denen sie nicht hier kauerte und nichts zugesteckt bekam?« Rilke sprach: »Von der Rose ...«

(Verfasser leider unbekannt)

Kapitel 1

*In welchem der junge Mann fühlt,
daß er sich seiner Arbeit entfremdet hat*

Als er in seiner bescheidenen, merkwürdig vollgestopft wirkenden Wohnung in Brooklyn erwachte, entdeckte John Blake, ein junger, zweiunddreißigjähriger Mann von kleiner Statur, aber dynamischer Erscheinung, daß es schon neun Uhr dreißig war. Er hatte verschlafen. Entweder hatte sein Wecker nicht geklingelt, oder er hatte vergessen, ihn zu stellen.

Da keine Zeit mehr zum Duschen war, spritzte er sich kaltes Wasser ins Gesicht, fuhr sich mit dem Kamm durchs Haar und schluckte eine Vitamin-C-Tablette. Als er merkte, daß er soviel Energie wie möglich nötig hatte, um den heutigen Tag durchzustehen, nahm er eine zweite und schließlich auf gut Glück noch eine dritte. Dann schlüpfte er, so schnell er konnte, in dieselben Kleider, die er am Abend zuvor getragen und nachlässig über einen Stuhl geworfen hatte. Da die Krawatte immer noch um den Hemdkragen geknotet war, zog er sich die ganze Angelegenheit einfach wie einen Pullover über den Kopf.

Sein altes 65er Mustang-Cabrio, das er andächtig pflegte, ließ ihn ausnahmsweise fast im Stich, sprang aber endlich nach vier oder fünf Versuchen an. *Es scheint so, als würde das wieder einer von den Tagen, an denen ich besser nicht aufgestanden wäre,* dachte er.

In der Gladstone-Werbeagentur, die in einem alten, aber vollständig renovierten Gebäude in der Madison Avenue residierte und wo John seit ein paar Jahren als Texter arbeitete, begrüßte ihn seine Sekretärin Louise mit einem besorgten Blick.

»Wo waren Sie? Gladstone ist wütend. Er hat überall nach Ihnen gesucht. Das Meeting soll planmäßig in fünf Minuten anfangen, und er wollte Sie zusammen mit Gate unbedingt noch vorher sehen.«

»Weckerprobleme«, murmelte John, als er in sein Büro verschwand und anfing, die Aktenstapel auf seinem Schreibtisch zu sortieren. Seine Sekretärin folgte ihm. »Wo ist die Cooper-Akte?« fragte John mit dem Rücken zu ihr.

»Genau da«, erwiderte Louise und übergab ihm ruhig lächelnd die Akte, die sie mit der ihr üblichen Tüchtigkeit schon bereitgelegt hatte.

»Danke«, sagte er und nahm die große Mappe entgegen, die das Logo der Schuhfabrik Cooper, die Fotografie eines Schuhs, für den geworben werden sollte, und das Bild eines Mannes und einer Frau enthielt. »Und ich möchte bitte einen Kaffee haben, Louise«, fügte John hinzu, während er sich eine Zigarette anzündete.

Die Schuhfabrik Cooper hatte die Gladstone-Werbeagentur unter Vertrag genommen, um für einen neuen Männerschuh mit einem verborgenen Absatz zu werben, der den Träger sieben Zentimeter größer machte. Das Bild, auf das sich Johns Entwurf stützte, zeigte eine sehr elegante – und sehr große – Frau, die die Fifth Avenue entlangschlenderte. Sie winkte einem Mann zu, der ihrer Größe entsprach – aufgrund seiner Cooper-Schuhe.

Es gab allerdings ein Problem. Der von John abzuliefernde Text, der beim Treffen am heutigen Morgen vorgestellt werden sollte, war noch nicht geschrieben. Es war ihm nicht gelungen, auch nur einen Gedanken zu fassen, obwohl er seit Jahren als einer der brillantesten Texter der Agentur galt.

Er zog nervös an seiner Zigarette und versuchte, die Inspiration herbeizubeschwören, die ihn sonst selten im Stich ließ. Aber sein Kopf blieb völlig leer, fast als ob er alles ausgeschöpft hätte, was noch von seiner früheren Kreativität und Vorstellungskraft vorhanden war. Er zog die Notizen zu Rate, die er sich während der letzten Woche gemacht hatte. Seite um Seite an Texten, Titeln, griffigen Überschriften, Dialogen. Nichts schien das gewisse Etwas zu haben. Kleine Schweißtropfen bildeten sich auf seiner Stirn. Er mußte sich etwas einfallen lassen, und zwar schnell. Sehr schnell.

Kaum war Louise mit einer Tasse kochendheißem schwarzem Kaffee zur Tür hereingekommen, als sein Chef, Bill Gladstone, gefolgt von James Gate, in das Büro stürmte. Sehr klein und vollständig kahl, besaß Gladstone eine außergewöhnliche Energie, die sich in dem fast bösartigen Glitzern seiner winzigen blauen Augen widerspiegelte.

»Wo waren Sie, John? Ist Ihnen klar, wie spät es ist?« bellte er und deutete auf seine Uhr. »Sie fordern Ihr Glück heraus, mein Junge. Das hier ist ein 300.000-Dollar-Auftrag. Die Agentur kann sich nicht erlauben, ihn zu verlieren. Sie auch nicht«, fügte er mit einer kaum verhüllten Drohung hinzu. »Jetzt zeigen Sie mir mal, was Sie haben.«

Bevor John antworten konnte, lehnte sich sein Chef über die Mappe und starrte auf das Bild mit dem Mann und der Frau. Überraschung und Entsetzen klangen aus seiner Stimme, als er schrie: »Wo ist mein Text? Das verstehe ich nicht. Das Meeting beginnt in zwei Minuten!«

»Ich bin mir noch nicht sicher«, sagte John und hielt seine Notizen hoch.

Gladstone blickte argwöhnisch auf die Notizen, Dutzende von Seiten, geschwärzt von Johns enger Schrift, und brüllte: »Was glauben Sie denn, was ich damit machen soll?«

James Gate, ein bemerkenswert gutaussehender Mann mit weißblondem Haar, himmelblauen Augen und einen ganzen Kopf größer als John, trat dazu, warf einen Blick auf die Vorlage und bemerkte auch den fehlenden Text. Da er derjenige war, der die Präsentation machen mußte, war er verständlicherweise besorgt und wurde blaß.

»Ich weiß nicht, was in den letzten paar Wochen mit Ihnen geschehen ist, John, aber Sie sind nicht mehr derselbe.«

Ein paar Wochen ..., dachte John. Es waren eher ein paar Monate – ein Jahr eigentlich, vielleicht noch mehr.

Seit einiger Zeit schon hatte er schreckliche Vorahnungen, daß es zu spät sein würde, wenn er zu lange wartete. Seine Träume würden ihre Kraft verlieren, wie es zweifelsohne schon bei so vielen seiner »toten« Kollegen auf dem Schlachtfeld dieser Stadt geschehen war. Alles, was er wirklich wollte, war, seine eigene Agentur zu eröffnen oder das Drehbuch für einen Film zu schreiben, aber er hatte nicht den Mut gehabt, das durchzuziehen. Er fühlte sich erstickt und in die Falle gelockt.

»Kommen Sie, John, geben Sie mir etwas, das uns aus diesem Schlamassel rausbringt!« fauchte Gladstone.

»Was sollen wir machen?« fragte Gate.

»Was ist mit Ihnen? Haben Sie nicht irgendeine Idee?« fuhr ihn sein Chef an.

Gate war kein Mann von Ideen, und der Gedanke, das Konzept mit einem unvollständigen Layout präsentieren zu müssen, erschreckte ihn zutiefst.

»Ich weiß nicht, wir könnten sagen ... äh ...«

John achtete nicht weiter auf die beiden Männer. Seine Reflexe als erfahrener Texter hatten sich zu Wort gemeldet, und so fand er endlich, wonach er gesucht hatte. In seiner schönen Handschrift fügte er dem

Entwurf sorgfältig eine Kopfzeile hinzu: »Nur *er* weiß, daß er kleiner ist. Und wenn sie es herausfindet, wird es zu spät sein, weil beide barfuß sind...«

Gladstone las den Text und brach in Gelächter aus. »Ausgezeichnet!« sagte er. »Ausgezeichnet!«

Gate las es und lachte auch, obwohl sein Lachen ein wenig gedämpft klang, fast höflich. Er hatte John immer um seinen brillanten Geist beneidet, tröstete sich aber mit dem Gedanken, daß er doppelt soviel verdiente und im allgemeinen die Anerkennung für die erfolgreichen Werbefeldzüge der Firma für sich verbuchen konnte.

»Wollen wir hoffen, daß es den Kunden genauso gut gefällt wie Ihnen«, sagte Gate immer noch skeptisch.

John sagte gar nichts. Er war erleichtert, daß er unter solch extremem Druck einen Text abgeliefert hatte, der seinem Chef so gut gefiel. Wie die Gans, die goldene Eier legt. Gleichzeitig fühlte er sich ein wenig im Stich gelassen, als ihm bewußt wurde, daß er die Anerkennung – oder die Verachtung – seines Chefs hervorrufen konnte, indem er einfach ein paar Textzeilen hinwarf. Einen Text, den er selbst banal fand, auf jeden Fall weit davon entfernt, brillant zu sein.

»Gehen wir«, sagte Gladstone und nahm die Vorlage auf. »Die Kunden warten im Sitzungssaal.«

John folgte seinem Chef und Gate in den Konferenzraum, wo drei Repräsentanten der Schuhfabrik Cooper, alle in dunklen Geschäftsanzügen, plauderten und an ihrem Kaffee nippten.

Als Händeschütteln und Vorstellen schließlich vorbei waren, deckte Gate Johns Vorlage auf, die er auf eine große Staffelei gestellt hatte, und stellte den Werbefeldzug vor, den sich die Agentur ausgedacht hatte. Er war ein Meister im Verkaufen leerer Klischees, ließ sie frisch und originell klingen, während er von anderer Leute Ideen, meistens Johns, mit peinlicher Zwanglosigkeit Besitz ergriff. John trank seinen Kaffee mit steigendem Verdruß; ein Gefühl, das ihn immer bei Veranstaltungen dieser Art überkam.

»Nun, was meinen Sie?« fragte Gladstone, als Gate geendet hatte.

Die drei Vertreter der Schuhfabrik Cooper steckten einige Sekunden ihre Köpfe zusammen und sprachen mit gesenkter Stimme, wobei eine leichte Spannung aufkam. Dann sagte George Cooper: »Wir sind interessiert. Wir werden das durchziehen.«

»Fein«, erklärte Gladstone. »Willkommen in der Gladstone-Familie«, fügte er hinzu und reichte zwei Kopien eines Vertrages hinüber, den die Kunden auf der Stelle unterzeichneten.

Gladstone ergriff rasch die Kopie der Agentur. Die drei Männer von Cooper standen auf und verließen nach erneutem höflichen Händeschütteln den Konferenzraum. Sobald sie gegangen waren, drehte sich Gladstone, vor Zufriedenheit strahlend, zu Gate herum, und beide machten das Siegeszeichen.

»Wieder einen unter Dach und Fach, mein lieber Stellvertreter.«

»Stellvertreter?« sagte Gate überrascht und täuschte Unverständnis vor.

»Ja, Sie haben richtig gehört; ab heute sind Sie hier der zweite Mann.«

»Ich fühle mich geehrt, Sir. Danke.«

Jeder andere in Johns Lage hätte sicher eine gewisse Frustration empfunden. Doch er war seit langer Zeit gegen solche Ungerechtigkeiten abgestumpft.

Bevor sie hinausgingen, wandte sich Gladstone an John. »Oh, ja, John, ich wollte Ihnen auch gratulieren. Wie Sie sehen, hatte ich recht, als ich Ihnen riet, diese Veränderungen vorzunehmen. Sie haben prima Arbeit geleistet. Wirklich großartig.«

»Danke«, brachte John widerwillig hervor.

Gladstone wollte sich gerade Gate anschließen, der im Flur wartete und seine Beförderung genoß, als er sich noch einmal zu John umdrehte und sagte: »Oh, und vergessen Sie nicht die russische Präsentation am Montagmorgen. Es ist ein großer Etat, eine siebenstellige Summe. Ich weiß nicht, wo diese Russen ihr Geld herbekommen, aber ich habe das Gefühl, daß sie sehr viel weniger kommunistisch sind, als sie es mal waren!« Er lachte laut. Offensichtlich war er stolz auf seinen kleinen Scherz. »Ich will etwas wirklich Tolles sehen, klar? Sie haben doch nichts für dieses Wochenende geplant, hoffe ich?«

»Nein, nichts«, sagte John.

So war es jedesmal. Da er nicht verheiratet war und keine familiären Verpflichtungen hatte, nahm sein Chef wie selbstverständlich an, daß er an seinen Wochenenden – oder, was das betrifft, in jeder Nacht der Woche – nichts Besseres zu tun hatte, als zahllose Überstunden zu machen und dabei mit grenzenloser Hingabe vor sich hin zu arbeiten, als ob Werbung seine einzige Leidenschaft wäre.

Er hatte das Gefühl, als müsse er auf der Stelle die Arbeit hinschmeißen und kündigen. Aber er konnte es nicht. Er hatte nichts anderes in Aussicht und keinen Penny, auf den er zurückgreifen konnte. Tatsächlich steckte er so tief in Schulden, daß er seine überzogenen Kreditkarten seit Monaten nicht benutzen konnte.

Das erste, was John nach dem Verlassen des Büros an diesem Abend tat – in der morgendlichen Hast hatte er es vollkommen vergessen – war, in der Zeitung nachzusehen, ob er im Lotto gewonnen hatte. Da das nicht der Fall war, warf er seine Scheine weg und kaufte zwei neue. Er gab sein

Bestes, um sich zu konzentrieren, während er die Nummern eintrug, als ob er glaubte, damit auf sein Glück Einfluß nehmen zu können. Dann ging er mit der dicken russischen Mappe unterm Arm heim, bedrückt von der Aussicht, das ganze Wochenende daran arbeiten zu müssen.

Schon seit ein paar Monaten litt er an dem, was man das »Wochenend-Syndrom« hätte nennen können. Überlastet wie er war von seiner Arbeit, hatte er in der Woche keine Zeit, über sein Leben nachzudenken; über die Tatsache, daß er mit zweiunddreißig immer noch Junggeselle war, ohne Frau und Kind oder nennenswerten gesellschaftlichen Umgang, ausgenommen die Leute, mit denen er durch die Agentur in Kontakt kam. Aber am Wochenende stand er der Leere seines Lebens gegenüber, und das brachte ihn zur Verzweiflung. Das Gefühl – ob es nun der Wahrheit entsprach oder nicht – ein unbefriedigendes Leben zu führen, quälte ihn. Was er brauchte – wirklich brauchte – war eine tiefgreifende Veränderung.

Drei Nächte in Folge war er nun sogar mit Tränen in den Augen aufgewacht, und jedesmal konnte er sich an die Ursache seiner Traurigkeit erinnern. Er hatte von einem prächtigen blauen Eichelhäher – seinem Lieblingsvogel als Kind – mit amputierten Schwingen geträumt, und er hatte sofort verstanden, daß der flügellose Vogel niemand anders war als er selbst.

Seine Einsamkeit war für ihn nicht nur schwer zu ertragen, er konnte sie sich auch nicht erklären. Trotz einer Reihe enttäuschender Beziehungen war er ein Romantiker und glaubte immer noch an die Liebe. Vielleicht verlangte er zuviel und verpaßte Gelegenheiten – gute Zeiten, wie sie sein Vater nannte – weil er den Frauen, die sich für ihn interessierten (und da hatte es einige gegeben), nicht genügend Chancen einräumte.

Seltsamerweise schien er immer Frauen anzuziehen, die ihn gleichgültig ließen, während solche, die er anziehend fand, kaum oder gar keine Notiz von ihm nahmen. Es war, als ob die Götter, die über die menschlichen Herzensangelegenheiten regierten, ihren Spaß daran hätten, seine Anstrengungen systematisch zu vereiteln.

Fest stand jedoch, daß er es vorzog, auf den »richtigen« Menschen zu warten, anstatt sich auf Beziehungen einzulassen, die nur Lückenbüßer waren und damit kurzlebig. Diese hinterließen oft tiefe Narben, wenn sie zu Ende gingen, abgesehen von der Tatsache, daß sie meistens vollkommene Zeitverschwendung waren. In Wahrheit hatte er das Vertrauen in die Suche nach der Frau, mit der er den Rest seines Lebens zu verbringen wünschte, verloren. Er hatte das Gefühl, als habe er auf seiner Suche schon zuviel Zeit verschwendet und zuviel Hoffnung verbraucht.

Es wurde ihm klar, daß er das einsame Leben, das er jahrelang geführt hatte, nicht mehr weiterleben konnte. Als erstes mußte er sein Geldproblem lösen. Aber wie? Wer könnte ihm helfen? Gewiß nicht sein Vater, der mit seiner kleinen Bar gerade so viel verdiente, daß er damit auskam. Also wer?

Plötzlich erinnerte sich John an einen reichen Onkel, einen Mann, den er kaum kannte und den er, wenn überhaupt, nur einmal im Jahr an Weihnachten oder bei einer anderen seltenen Gelegenheit flüchtig sah. Er entschloß sich, ihm einen Besuch abzustatten. Er konnte ihn um Rat bitten – oder besser noch um Geld, mit dem im Rücken er seinen Job kündigen und eine eigene Werbeagentur aufbauen könnte, etwas, wovon er seit langer Zeit träumte. John nahm den Telefonhörer ab und rief ihn sofort an, um sich mit ihm für den kommenden Tag zum Mittagessen zu verabreden. Dann setzte er sich hin, um an der umfangreichen russischen Mappe zu arbeiten.

Am nächsten Tag hieß ihn sein Onkel herzlich willkommen, weigerte sich aber, ihm irgendeinen Betrag zu leihen, geschweige denn zu schenken. »Ich leihe nur reichen Leuten Geld«, sagte er scherzhaft, was seine Weigerung ein wenig milderte. Er schlug vor, daß John statt dessen einen seiner Freunde aufsuchen sollte, einen exzentrischen alten Millionär, der draußen auf Long Island lebte und ihm geholfen hatte, als er gerade anfing. Er gab John sogar ein Empfehlungsschreiben mit.

KAPITEL 2

*In welchem der junge Mann
seine erste echte Chance bekommt*

Gegen zehn Uhr am nächsten Morgen fuhr John am eindrucksvollen Portal vor, das den Eingang zum Anwesen des Millionärs bildete, in dem ein riesiges Herrenhaus im Tudorstil lag. Ein Wachmann fragte ihn, ob er eine Verabredung habe. Anstatt einer Antwort händigte ihm John das Empfehlungsschreiben seines Onkels aus. Der Wächter drückte auf einen Knopf, die Tore schwangen auf, und John fuhr seinen Mustang langsam hindurch.

Er parkte, stieg schüchtern die circa dreißig Stufen einer beeindrukkenden Außentreppe hinauf, die von zwei antik aussehenden Steinlöwen flankiert wurde, und läutete. Er mußte nicht lange warten, bis Henry, der in eine untadelige Uniform gekleidete alte Butler, die Tür öffnete. John erklärte die Gründe für seinen Besuch. Henry informierte John, daß sein Herr im Augenblick nicht zu sprechen sei, und schlug ihm vor, im Garten zu warten, wobei er höflich seine Begleitung anbot. John dankte und folgte ihm in einen riesigen Rosengarten. Dort bemerkte er einen alten, mindestens siebzigjährigen Gärtner, der sich über einen Rosenstrauch beugte und diesen sorgfältig beschnitt. Sein Gesicht war gegen die Sonne durch einen großen gelben Strohhut geschützt.

John ging auf ihn zu. Der Mann unterbrach seine Arbeit und richtete sich auf. Er lächelte, und John war ergriffen von seinen strahlendblauen Augen, von denen ein Leuchten auszugehen schien.

»Was machen Sie hier?« fragte der Mann mit einer melodischen, leicht spöttischen Stimme.

»Ich kam, um den Instant-Millionär zu treffen, den Mann, der auf einen Schlag reich wurde.«

»Aus welchem Grund, wenn ich fragen darf?«

»Nun ja, ich wollte nur ein paar Ratschläge.«

»Ich verstehe ...«

Der Mann nahm seine Gärtnerarbeit wieder auf und schien das Interesse an John zu verlieren. Doch einen Augenblick später hielt er wieder inne und sagte: »Könnten Sie mir wohl zehn Dollar leihen?«

»Zehn Dollar? Mal sehen ...« John griff in seine Taschen und zog alle Geldscheine und Münzen heraus, die er finden konnte, insgesamt ungefähr fünfzehn Dollar – er war noch nicht bei seiner Bank gewesen, um seinen Gehaltsscheck einzulösen und war pleite, wie gewöhnlich.

»Also das ist alles, was ich übrig habe.«

»Das ist prima. Es ist mehr, als ich brauche«, sagte der Gärtner mit einem triumphierenden Lächeln. Er ging einen Schritt auf John zu, zupfte eine Zehndollarnote aus dessen Hand und stopfte sie in seine Tasche. »Und überhaupt, was sind schon zehn Dollar? Wer weiß, morgen könnten Sie Millionär sein.«

John wagte nicht zu widersprechen. Schließlich war er nur ein Besucher in diesem angesehenen Haus, und was er ganz sicher nicht wollte, war, einen Fehler zu begehen. Aber er konnte sich nicht helfen, er dachte, daß sich sein Besuch, der ihn reich machen sollte, gar nicht sehr gut anließ, da er ihn bereits zehn Dollar gekostet hatte. Es war ihm klar, daß er nicht besonders begabt dafür war, Geld zusammenzuhalten!

In diesem Moment kam Henry, der Butler, dazu und sagte respektvoll zu dem Gärtner: »Sir, es gibt ein kleines Problem. Einer der Köche verläßt uns heute, und er besteht darauf, daß wir ihm das bar auszahlen, was wir ihm schulden. Und, ähm ... uns fehlen zehn Dollar.«

Der Gärtner langte in seine Tasche und zog, zu Johns großer Überraschung, eine riesige Rolle Banknoten hervor, alle von hohem Wert – Fünfziger, Hunderter und sogar ein paar Tausender. Mit einem ironischen Lächeln nahm der alte Gärtner die Zehndollarnote, die er sich gerade von John geliehen hatte, und gab sie dem Butler, der sich daraufhin respektvoll verneigte, auf dem Absatz kehrtmachte und wegging.

John war empört. Er fühlte sich betrogen.

»Warum haben Sie mich um zehn Dollar gebeten? Sie brauchen sie doch gar nicht.«

»Oh, aber ich brauchte sie«, erwiderte der Gärtner. »Sehen Sie«, sagte er und fächerte geschickt die Rolle mit Geldscheinen auf, »ich habe überhaupt keine Zehndollarscheine. Und ich wollte ihm keinen Hunderter oder Tausender geben!«

»Man weiß nie, mit wem man es zu tun hat ...« John erinnerte sich an diesen alten Spruch, als ihm ein Licht aufging.

»Sie sind der Instant-Millionär, nicht wahr?«

»So nennt man mich.«

»Mein Name ist John, John Blake«, sagte der junge Mann und streckte dem Millionär die Hand hin. Der schüttelte sie, nachdem er seine Geldscheine in die Tasche zurückgesteckt hatte.

»Es ist schön, daß Sie vorbeigekommen sind, John«, sagte der ältere Mann ziemlich rätselhaft, als ob er den Besuch erwartet hätte.

John dachte, daß es das beste sei, ihn nicht weiter zu diesem Thema zu befragen. Er wäre sowieso nicht dazu gekommen, denn der exzentrische Millionär erkundigte sich: »Und was wollen Sie von mir?«

»Mein Onkel sagte mir, daß Sie mir dabei helfen könnten, meine

Träume wahr werden zu lassen, erfolgreich zu werden und mein Glück zu machen.«

»Ich verstehe. Aber sagen Sie mir, warum haben Sie Ihr Glück noch nicht gemacht? Haben Sie sich selbst je diese Frage gestellt?«

»Nein, eigentlich nicht.«

»Nun, dann ist das vielleicht das erste, was Sie tun sollten. Nur zu, denken Sie laut für mich nach.«

»Ich, äh ...«, stammelte John, vollkommen um Worte verlegen.

»Ich verstehe«, sagte der Millionär. »Sie sind nicht gewohnt, laut zu denken. Oder vielleicht sind Sie überhaupt nicht gewohnt zu denken. Nun, darf ich Sie zum Mittagessen einladen? Das könnte Ihnen die nötige Kraft geben, die Sie brauchen, um klar zu denken.«

John nahm erleichtert an, und bald saßen die beiden Männer in einem großen Speisezimmer an einem Tisch, lang genug für dreißig Gäste. An zwei Wänden des Eßzimmers befanden sich sehr hohe Steinkamine. In beiden loderte ein prasselndes Feuer. Nie zuvor hatte John ein derartiges Speisezimmer gesehen oder gar eine so aufwendige Tafel.

Als John über sein Lachssteak mit Salat herfiel, befragte ihn der Millionär.

»Machen Sie das gerne, was Sie tun?«

»Ja. Nun, eigentlich nicht. Ich arbeite für eine Werbeagentur. Aber ich würde gerne meine eigene Agentur aufmachen.«

»Glauben Sie wirklich ganz fest daran, daß Sie auf diesem Gebiet erfolgreich sein könnten?«

»Ja.«

»Und, was ist das Problem?«

»Das Problem ist, daß ich kein Geld habe, mit dem ich mich selbständig machen könnte.«

»Als ich anfing, hatte ich ebenfalls kein Geld«, sagte der alte Mann und blickte sich um, »und ich muß sagen, ich habe mich ganz gut gemacht.«

»Ohne Geld! Ich begreife wirklich nicht, wie ...«

»Ihr wahres Problem ist Furcht. Sie haben nicht genügend Vertrauen in sich selbst. Wenn Sie Vertrauen hätten, wirkliches Vertrauen, hätten Sie Erfolg. Wissen Sie, daß man alles, was man sich vorstellen kann, alles, woran man glauben kann, auch vollbringen kann?«

Der Millionär langte in seine Tasche und zog ein Geldstück heraus. Während er es geistesabwesend in die Luft warf, fragte er John: »Sagen Sie mir, wieviel wären Sie bereit zu zahlen, um das Geheimnis des Erfolgs kennenzulernen?«

»Ich habe keinen Cent.«

»Wenn Sie Geld hätten.«

»Ich weiß nicht, hundert Dollar ...«

Der Millionär lachte und folgte der Flugbahn der Münze mit den Augen. »Hundert Dollar! Meine Güte, da müssen wir noch ganz schön dran arbeiten. Machen Sie mir noch einen Vorschlag.«

»Tausend Dollar.«

Wieder brach der alte Mann in Gelächter aus. »Wenn Sie wirklich glaubten, daß es hier ein Geheimnis gäbe, hätten Sie mir wesentlich mehr geboten als das. Weiter, versuchen Sie es noch mal. Wenn Sie Geld hätten, wieviel wären Sie bereit, mir für das Geheimnis anzubieten?«

»Ich weiß nicht, sagen wir fünfundzwanzigtausend.«

»Gut, das ist sehr gut. Es ist nicht viel, aber wenigstens machen Sie Fortschritte.«

Die beiden Männer unterhielten sich mehrere Stunden. Einige Zeit spazierten sie dabei durch den Rosengarten, später setzten sie sich hin und tranken Tee, wobei der Millionär John das Geheimnis offenbarte, das es ihm gestattet hatte, sein ungeheures Vermögen anzuhäufen. John war verblüfft, wie einfach es war. Warum hatte er nicht selbst daran gedacht? Vielleicht weil er es niemals in Betracht gezogen hatte. Oder vielleicht weil er nicht geglaubt hatte, daß es ein Geheimnis gab.

Am Ende ihrer langen Unterredung hatte der Millionär John viel besser kennengelernt und stellte fest, daß er ihn mochte: Ein Mann, der so begabt war und bis jetzt doch so wenig Glück gehabt hatte, verdiente es, daß ihm das Schicksal ein wenig unter die Arme griff. Er faßte in seine Tasche, zog seine Rolle Geldscheine hervor und sagte: »Hier.«

John verstand zuerst nicht ganz. »Sie wollen ...!«

»Ja, ich gebe es Ihnen. Das hier sind fünfundzwanzigtau-send Dollar, plus minus ein paar hundert. Mein Taschengeld.«

»Fünfundzwanzigtausend Dollar? Sie geben mir fünfund-zwanzigtausend Dollar?«

»Nun, eigentlich gebe ich sie Ihnen nicht, ich borge sie Ihnen. Eines Tages, in fünf, zehn Jahren, wenn Sie reich sind, werden Sie jemandem helfen, sich selbständig zu machen, genauso, wie ich Ihnen heute helfe. So wird der Kreis geschlossen, und was vollendet werden muß, soll vollendet sein.«

Er machte eine kleine Pause, dann fügte er hinzu: »Mein ganzes Leben lang haben die Leute in mir einen erfolgreichen Geschäftsmann gesehen. Ich dagegen habe mich immer nur als einfachen Gärtner betrachtet. Wenn ich ein gewaltiges Vermögen ansammelte, dann nur, um kleingläubigen Menschen die Macht des Geistes zu offenbaren. Wann immer es Ihnen möglich ist, konzentrieren Sie sich auf das Herz der Rose. Eines Tages werden Sie verstehen, was ich versuche, Ihnen damit zu erklären.«

Nachdem er das erstaunliche Vermächtnis weitergereicht hatte, rückte der alte Millionär näher an John heran, berührte dessen Stirn zwischen den Augen mit seinem rechten Zeigefinger und sagte: »Entdecken Sie, wer Sie wirklich sind. Die Wahrheit wird Sie frei machen.«

Dann ließ er ihn allein. John spürte, daß er gerade einen der bedeutendsten Augenblicke seines Lebens erlebte, nicht nur, weil er gerade diesen unglaublichen Geldbetrag bekommen hatte, sondern, weil etwas Magisches sein Treffen mit dem alten Millionär umgab.

In diesem Moment betrat Henry das Speisezimmer und fragte John, ob er sich vor seinem Aufbruch noch etwas erfrischen wollte. John nahm das Angebot an und erkannte, daß sein denkwürdiger Besuch im Hause des Millionärs zu Ende ging. Er folgte dem Butler nach oben. Henry hielt an der Tür zu einem der zahllosen Räume an und händigte John einen Umschlag aus, einen sehr großen Umschlag aus erlesenem Papier mit einem roten Wachssiegel in Form einer Rose.

»Das ist von meinem Herrn«, erklärte der Butler.

Allein in dem ihm angewiesenen Zimmer öffnete John den Umschlag. Gerührt erkannte er, daß dieser das geistige Vermächtnis des alten Millionärs enthielt, ein Dokument von ungefähr sechzig Seiten. Er blätterte es durch, und als er bereit war zu gehen, besann er sich, seinem Gastgeber besser für all das zu danken, was er für ihn getan hatte.

John ging wieder hinunter zum Speisezimmer, durchquerte das fürstlich eingerichtete Wohnzimmer, traf jedoch den Millionär nicht an. Er überlegte, ob der alte Mann zurück in den Garten gegangen sein könnte. Genauso war es. Doch als er dorthin kam, erwartete ihn eine Überraschung. Der alte Mann lag mit einem Gelassenheit ausstrahlenden Gesicht ausgestreckt mitten auf einem Pfad, die Hände, in denen er eine Rose hielt, auf seiner Brust gefaltet, wie jemand, der im Grab ruht.

Von Kummer überwältigt, schloß John daraus, daß der alte Mann nicht länger von dieser Welt war; darum hatte er ihm einige Minuten zuvor sein geistiges Testament und den Geldbetrag übergeben.

Aber wie war es ihm möglich gewesen, seinen eigenen Tod vorauszusagen? Ein Geheimnis, das ungelüftet bleiben mußte. Er war ein erstaunlicher Mensch gewesen ...

Nachdem ein paar Sekunden verstrichen waren, wandte sich John ab; er wollte die Rose wie eine Art Andenken an ihre Zusammenkunft aufbewahren. Dann änderte er jedoch seine Meinung. Die Blume gehörte zu dem Millionär und sollte ihm das letzte Geleit geben.

Kapitel 3

*In welchem dem jungen Mann
wieder Flügel wachsen*

Im Konferenzraum der Gladstone-Agentur erhob sich am folgenden Montag der Vorsitzende der russischen Gesellschaft sichtlich enttäuscht von James Gates armseliger, völlig einfallsloser Präsentation aus dem Sessel. Seine Gefolgsleute taten es ihm unverzüglich nach.

»Ich denke, wir werden uns nach einer anderen Agentur umsehen«, erklärte er. »Das ist nicht das, was wir uns vorgestellt haben.«

Vernichtet wagte Gladstone nicht einmal zu protestieren. Ohne John, der an diesem Montagmorgen nirgendwo aufzufinden war, hatten es weder er noch James Gate, sein neuer Stellvertreter, schaffen können. Als die Russen gegangen waren, wurde Gladstones Gesicht – eigentlich sein ganzer Schädel – purpurrot vor Wut, als er sich zornbebend an Gate wandte.

»Sind Sie ein kompletter Idiot, oder was? Können Sie nicht irgendwas Besseres bieten als das? Sie hätten über Marketing, Strategie sprechen können ... Sie sind doch Betriebswirt, oder nicht?«

»Ja, aber ich meine ... improvisieren zu müssen wie hier ... Ich konnte keineswegs wissen, was Blake plante, nicht wahr?«

»Hören Sie, ein Mann mit Ihrer Ausbildung sollte in der Lage sein, mit jeder Art von Situation fertig zu werden, auch mit Notfällen. Und was Ihre Beförderung angeht, die lege ich bis auf weiteres erst mal auf Eis. Ein Stellvertreter, der nicht weiß, was er tun soll, wenn die Scheiße am Dampfen ist, ist keinen Heller wert.«

»Aber, Mr. Gladstone, das können Sie nicht tun.«

»Doch, das kann ich; und der Beweis dafür ist, daß ich es gerade getan habe. Und nun, wenn Sie mich entschuldigen wollen, es gibt da etwas, das ich diesem Trottel von Blake sagen möchte. Er wird gleich merken, wer hier den Ton angibt, Sie werden sehen.«

John war gerade vor ein paar Minuten in der Agentur eingetroffen und überraschte alle damit, daß er einerseits total unbekümmert ob seiner späten Ankunft war und andererseits allen Sekretärinnen Rosen überreichte. Noch nie hatte ihn jemand so gut gelaunt gesehen, so charmant, so locker, gar nicht zu vergleichen mit dem ausgelaugten, überarbeiteten Schatten von einem Mann, der er seit über einem Jahr gewesen war.

Seine Sekretärin empfing die letzte Rose mit einer Mischung aus Überraschung und Besorgnis.

»Oh, Mr. Blake, wo sind Sie gewesen? Sie hätten mich anrufen sollen! Mr. Gladstone wird Sie umbringen.«

»Ach!« war alles, was John sagte. Ohne weiteren Kommentar sammelte er seine persönlichen Sachen ein und stapelte sie in einen Pappkarton. Aufgebracht stürmte Gladstone das Büro.

»Wo, zur Hölle, sind Sie gewesen, Blake? Sind Sie sich im klaren darüber, was Sie angerichtet haben? Wir haben gerade wegen Ihnen den Etat der Russen verloren!«

»War Gate nicht da?«

»Doch, aber er ist ein Idiot. Würden Sie mir jetzt die Freude machen und umgehend auf meine Fragen antworten? Sie sind jetzt schon zweimal hintereinander morgens zu spät gekommen. Sie bringen mich noch dazu, daß ich mir vor Wut in die Hosen mache.«

John blickte ihn mit amüsiertem Lächeln an und sagte: »Sind Sie sicher, daß es nicht Ihre Prostata ist?«

In der Agentur war es wohlbekannt, daß der permanent gestreßte Gladstone ein Drüsenproblem ganz eigener Natur entwickelt hatte. Eine Reihe von Witzen waren über diese Tatsache im Umlauf.

»Meine Prostata hat nichts damit zu tun. Sie sind derjenige, der gleich Probleme haben wird, das kann ich Ihnen versichern. Wissen Sie, daß ich Sie für das, was Sie gerade getan haben, feuern kann?«

»Nein, können Sie nicht.«

»Was meinen Sie damit, ich kann das nicht?« schrie Gladstone.

»Sie können mich nicht feuern, weil ich kündige.«

»Sie kündigen?« brabbelte Gladstone ungläubig.

»Ja, und zwar ...«, John machte eine Pause, um auf seine Uhr zu sehen, »exakt um elf Uhr siebenunddreißig.«

Bill Gladstone war es nicht gewöhnt, daß ihm Leute kündigten. Normalerweise feuerte er seine Angestellten; gelegentlich bereitete es ihm sogar wildes Vergnügen, das zu tun. Zuerst dachte er deshalb, es wäre ein Scherz. Wer würde es wagen, aus der Gladstone-Agentur auszutreten, nach seiner Meinung der besten Agentur der Welt?

John drehte seinem Chef den Rücken zu und fuhr fort, die wenigen armseligen Gegenstände, die seinen Schreibtisch zierten, einzusammeln und sie in den Karton zu stecken. Gladstone spürte einen momentanen Drang, ihn körperlich anzugreifen, bekam sich aber wieder in den Griff. In Windeseile dachte er nach.

»Hören Sie, John, ich möchte, daß Sie es sich noch einmal überlegen. Ich meine, Sie handeln hier ein wenig vorschnell. Ich bin bereit, die Sache mit den Russen zu vergessen. Wir können uns zusammensetzen und alles besprechen. Diese Gehaltserhöhung, die ich Ihnen versprochen habe – nun, ich bin kein Mann, der sein Versprechen nicht hält. Und ab nächstem Monat bekommen Sie noch fünf Prozent mehr ...«

John drehte sich herum und betrachtete dabei mit gerunzelter Stirn ein Miniaturpferd, das er in seiner Hand hielt. Statt einer Antwort, so als ob Gladstone gar nichts gesagt hätte, seit er hereingekommen war, fragte John: »Möchten Sie diese Kleinplastik? Ich glaube nicht, daß ich sie behalten will.«

In einem Wutanfall ergriff Gladstone das Pferdchen und schleuderte es gegen die Wand, wo es in tausend Scherben zerschellte. Es geschah nicht oft, daß sich jemand über ihn lustig machte, besonders kein gewöhnlicher kleiner Angestellter.

»Sie haben woanders ein besseres Angebot bekommen?« wollte Gladstone wissen. »Das ist es, nicht wahr?«

»Nein«, erwiderte John.

»Hören Sie«, sagte Gladstone. Seine Stimme nahm einen väterlichen Tonfall an, »Sie sind einer unserer besten Leute, Sie haben beachtliches Talent. Darum bin ich bereit, mit den Richtlinien zu brechen, was die Gehälter betrifft, und biete Ihnen einen Tausender mehr an.«

»Einen Tausender?«

»Im Monat, natürlich. Das macht zwölftausend im Jahr.«

»Zwölftausend mehr im Jahr«, überlegte John, »das ist merkwürdig. Vor weniger als vierundzwanzig Stunden kam mir der Gedanke, daß ich mehr wert bin als das, was ich bekomme, und nun bietet mir mein Chef zwölftausend mehr im Jahr an.«

»Na?« fragte Gladstone ungeduldig.

»Zwölftausend ...«

»Oh, und natürlich kriegen Sie einen Geschäftswagen.«

John konnte es nicht fassen. Darüber mußte er nachdenken. Das war aber auch das letzte, was er erwartet hätte. Er zögerte. Die angebotene Gehaltserhöhung war gigantisch. Zwölftausend! Und obendrein noch ein Auto! Sollte er zusagen? Mit den fünfundzwanzigtausend, die er schon hatte, könnte er bereits alle seine Schulden begleichen, den Kredit tilgen. Aber wenn er akzeptierte, würde er nicht das Vertrauen des alten Millionärs enttäuschen? Und würde es nicht auch bedeuten, ein für allemal seine schönen Träume zu begraben, dem zu entsagen, was er wirklich war – und besonders dem, was er werden wollte? Er erkannte, daß eine Gehaltserhöhung und ein neues Auto nichts ändern würden.

»Danke, aber ... es ist keine Frage des Geldes«, erwiderte er schließlich.

»Sie wollen sich selbständig machen, nicht wahr?« höhnte Gladstone. »Na, da will ich Ihnen mal etwas verraten: Sie haben nicht das Zeug dazu! Sie fallen auf die Nase! Sie haben absolut kein Talent, und ich werde dafür sorgen, daß Sie in keiner Agentur der Stadt Fuß fassen können!«

John schaute auf die traurige Ansammlung im Pappkarton und stellte fest, daß er nichts davon haben wollte. Lieber wollte er ganz reinen Tisch machen, alles hinter sich lassen und diese nicht gerade glorreiche Spanne seines Lebens einfach vergessen. Als er aus dem Büro ging, drückte er den Karton Gladstone in die Hand.

Als er schließlich draußen auf dem Gehsteig stand, überwältigte John ein Gefühl grenzenloser Freiheit. Er hatte so lange davon geträumt aufzuhören, und jetzt hatte er es endlich getan. Er fühlte sich seltsam schwebend, ähnlich wie er als Junge empfunden hatte, als der erste Sommerferientag da war und die Schule ihre Tore für zwei Monate geschlossen hatte. Er spürte, daß die Zukunft ihm gehörte und daß er, endlich, den Weg in ein neues Leben eingeschlagen hatte.

Kapitel 4

In welchem der junge Mann versagt

»Es tut mir sehr leid, Mr. Blake, aber wir haben schon eine Werbeagentur.«

John, der dieser Tage normalerweise ziemlich fröhlich aussah, legte mißmutig auf. Das war heute schon die zehnte Absage. Wenn es die erste Woche seiner neuen Tätigkeit gewesen wäre, hätte es nicht ganz so schlecht ausgesehen, aber es war sechs Monate her, seit er seine eigene Agentur eröffnet hatte. Beflügelt durch den Instant-Millionär, war John voller Vertrauen in die Zukunft und überzeugt gewesen, daß er schnell erfolgreich sein würde.

Abgesehen von einem Projekt, das fünftausend Dollar eingebracht hatte, war alles, was er hatte an Land ziehen können, eine Reihe unbedeutender kleinerer Aufträge gewesen, die kaum etwas abwarfen. All die großen Firmen – und sogar die kleinen –, an die er sich wandte, hatten ihm das gleiche gesagt: »Wir wissen überhaupt nichts über Ihre Agentur.« Oder: »Sie haben zu wenig Erfahrung.« Oder: »Wer sind Ihre anderen Kunden?« Oder: »Wir arbeiten immer mit den größeren Agenturen.« Mit anderen Worten: »Nicht Sie rufen uns an, sondern wir rufen Sie an.«

Dabei war er sich so sicher gewesen, als er sich selbständig machte, daß er über alles Notwendige verfügte, um einen Erfolg zu landen. Er hatte jahrelange Erfahrung bei einer maßgeblichen Agentur vorzuweisen. Er war ein Texter, der schon verschiedene Preise gewonnen hatte, und niemals verlegen um originelle Ideen. Außerdem war er in der Lage, die schwierigsten Termine einzuhalten – ein »Muß« auf dem Gebiet der Werbung, wo von jedem erwartet wurde, alles »gestern« fertig zu haben. John genoß ein ausgezeichnetes Ansehen unter seinen früheren Kunden und war zuversichtlich, daß auch sein Charme mithelfen würde.

Um soviel Zeit wie möglich kreativer Arbeit und der Suche nach neuen Kunden widmen zu können, hatte John, sobald er seine Agentur eröffnete, eine Assistentin eingestellt. Ihr Name war Rachel Winter. Was ihn beeindruckte, als er sie unter den anderen Bewerbern auswählte, die sich auf seine »Hilfe gesucht«-Anzeige gemeldet hatten, waren die Offenheit und Wärme ihres Lächelns. Von Anfang an schien sie an ihn zu glauben, und das berührte ihn. Um so mehr, da ein paar andere Bewerber sich auf der Stelle umgedreht hatten und wieder gegangen waren, als sie das winzige Büro sahen, das ihnen John als Arbeitsplatz anbot.

Und obwohl er sich, als er sie einstellte, fest vorgenommen hatte, Arbeit und Gefühl zu trennen, konnte er nicht verhindern, daß er sich in sie verliebte. Ihr langes kastanienbraunes, natürlich gelocktes Haar, das golden schimmerte, und ihre großen grünen Augen, aus denen Intelligenz und Freundlichkeit strahlten, lösten jeden Widerstand auf, den er anfangs hegen mochte. Nach und nach entwickelte Rachel die gleichen Gefühle, obwohl sie sich, wie John, geschworen hatte, sich niemals mit jemandem einzulassen, mit dem sie arbeitete, besonders nicht mit ihrem Chef. Aber gleich zu Beginn fühlte sie, daß sie für ihn mehr war als eine einfache Angestellte – nicht nur seine Assistentin, sondern in gewissem Sinne auch seine Partnerin.

Unglücklicherweise kamen Johns geschäftliche Angelegenheiten nicht richtig aus den Startlöchern. Er hatte schon zu Anfang die Hälfte des Geldes, das er besaß, ausgegeben und fragte sich nun ernstlich, ob er nicht einen Fehler gemacht hatte, als er seinen Job so eilig hinwarf.

Er grübelte auch darüber nach, ob sein Vater, der wenige Monate zuvor gestorben war, nicht recht gehabt hatte, als er sagte, daß er für ein Leben in Reichtum oder auf der Überholspur nicht geboren war. Vielleicht war es ein Fehler, ein großer Fehler, gewesen, nicht die kleine Bar seines Vaters zu übernehmen, sondern eine Werbeagentur zu eröffnen.

Gerade als John im Geist alle seine Pläne noch einmal Revue passieren ließ und sich fragte, was er falsch gemacht hatte, trat Rachel ins Zimmer. Sie sah besorgt aus.

»Ich gehe«, erklärte sie mit großem Ernst.

»Es ist erst vier Uhr«, erwiderte John und sah auf seine Uhr. »Ich ...«

»Ich weiß, aber es ist ruhig, und ich ... ich verreise für ein paar Tage, John. Ich glaube, wir beide brauchen ein wenig Zeit getrennt voneinander. Ich habe das Gefühl, als wäre ich eine Last für dich geworden... Ich weiß, die Dinge stehen nicht zum besten in der Agentur, und deine Selbstzweifel wirken sich auf uns beide aus, da wir zusammenarbeiten. Ich werde ein paar Tage bei einer Freundin in Boston verbringen.« Rachel machte eine Pause, dann fügte sie hinzu: »Ich rufe dich an, wenn ich zurück bin.«

Obwohl John verärgert war, versuchte er nicht, es ihr auszureden. Es war ihm bewußt, daß sich eine gewisse Spannung zwischen ihnen zu entwickeln begann. Und obwohl John von ihrer unerwarteten Ankündigung betroffen war, würden ein paar Tage der Trennung vielleicht ein Segen sein. Er konnte seine Pläne für die Agentur neu durchdenken. Während er das dachte, bemerkte John, wie Rachel blaß wurde und eine Hand an ihre Stirn hob.

»Was ist los, fühlst du dich nicht wohl?« fragte John.

»Nein, schon gut. Mir ist nur ein wenig schwindlig.«

Er goß ihr ein Glas Wasser ein, und sie trank es aus. Dann verließ sie ihn mit einem traurigen Lächeln, sogar ohne ihn zu küssen, als ob sie sich plötzlich um etwas Wichtiges kümmern müßte. Ihr eiliger Aufbruch und das kleine Versehen, ihn zum Abschied nicht zu küssen, sandten einen Stich durch Johns Herz.

Panik ergriff ihn. Warum hatte er nicht versucht, sie zum Bleiben zu überreden? Merkte er nicht, daß er sie verlieren könnte? Daß es zu spät sein könnte, wenn er warten würde? Wie konnte er sicher sein, daß dieser kleine Ausflug, diese zeitweilige Trennung, nicht nur ein Vorwand war, um ihn auf ein endgültiges Ende ihrer Beziehung vorzubereiten? Aber er war so beschäftigt damit, wie sich die Dinge für die Agentur entwickelten, so besorgt über die Aussicht auf bevorstehenden Mißerfolg, daß er ein wenig zu lange wartete, bevor er aufstand und ihr hinterherging. Und so geschah es, daß sich zur gleichen Zeit, als er den Flur erreichte, in der Absicht sie um eine Erklärung – und, mehr noch, um eine Art von Versicherung – zu bitten, daß sich nichts zwischen ihnen geändert hatte, die Türen des Fahrstuhls gerade hinter ihr geschlossen hatten. Sie war fort. Traurig kehrte John in sein Büro zurück, wo er lange und gründlich über seine Situation nachdachte.

Seine Gedanken brachten ihn zurück auf seine Erfolglosigkeit. Am Anfang schien alles so leicht. Vor wenigen Monaten, nach dem Treffen mit dem alten Millionär, hatte er sich gefühlt, als läge ihm die Welt zu Füßen, und geglaubt, daß er nur einige einfache Regeln anwenden mußte, um ihm den Erfolg gewogen zu machen. John fühlte, daß er eine Art Größe besaß, ein gewisses Talent, das bis jetzt noch nicht zutage getreten war. Doch warum hatte er bis jetzt noch keinen Erfolg gehabt? Vielleicht hatte er die Anweisungen des Millionärs mißverstanden.

Kapitel 5

*In welchem der junge Mann
einen bemerkenswerten Bettler trifft*

Am nächsten Morgen wachte John später auf als gewöhnlich. Er hatte schlecht geschlafen, gestört durch eine Reihe seltsamer Träume. Er ging in sein Büro, um einiges an Arbeit zu erledigen, aber er war nicht mit dem Herzen dabei. Rachel war nicht da, und obendrein war Feiertag, so daß wahrscheinlich nicht viel passieren würde.

Er spürte, wie es ihn nach draußen zog, und entschloß sich, einen Spaziergang durch die Stadt zu machen. Er lief eine gute halbe Stunde und genoß das phantastische Wetter. Als er zum Times Square kam, näherte sich ihm ein sehr alter Bettler in einem fadenscheinigen marineblauen Mantel. Sein Gesicht lag teilweise im Schatten der Krempe seines schwarzen Hutes verborgen.

»Könnten Sie mir vielleicht zehn Dollar geben?«

»Zehn Dollar!« sagte John, nicht ohne eine gewisse Feindseligkeit, überrascht über die Verwegenheit des Bettlers. »Nein, ich habe nicht mal einen Dollar bei mir.«

Der Bettler hob den Kopf. Ehe er sich abwandte, überreichte er John eine einzelne Rose und sagte mit einem entwaffnenden Lächeln: »Als Glücksbringer. Es tut mir leid, Sie gestört zu haben. Ich wünsche Ihnen einen wunderschönen Tag.«

Dies äußerte er ganz aufrichtig, als ob er John schon seit Jahren kenne.

John blickte auf die Rose in seiner Hand und hoffte, sie würde seine Entschlußkraft stärken und seine Pechsträhne beenden, wie es der Bettler versprochen hatte. Die geheimnisvolle Schönheit der Blume faszinierte ihn. Er sah sie als ein zartes, vollkommenes Symbol des Erfolgs, der nur durch die Auseinandersetzung mit der Gefahr, die durch die Dornen ausgedrückt wurde, erreicht werden konnte. Plötzlich erinnerte er sich an die letzten Worte, die der alte Millionär an ihn gerichtet hatte: »Konzentrieren Sie sich auf das Herz der Rose ... Konzentrieren Sie sich auf das Herz der Rose.« Er konnte noch die Stimme des alten Mannes hören, als ihm die bemerkenswerte Freundlichkeit auffiel, mit der ihm der Bettler begegnet war. Wenige Monate zuvor hatte ihm ein völlig Fremder fünfundzwanzigtausend Dollar gegeben. War er so kleinlich, so geizig geworden, daß er einem Bettler nicht einmal ein paar Pennies geben konnte?

Aber es war nicht nur das, es war nicht nur die Stimme des Mannes und die Freundlichkeit gewesen, die ihn in Unruhe versetzten. Mehr als alles andere waren es die einzigartigen Augen des Mannes, die von einer außergewöhnlichen Leuchtkraft waren. Und das, obwohl er sie nur für den Bruchteil einer Sekunde gesehen hatte, als der Bettler seinen Kopf gehoben hatte.

Seine Augen schienen ein höheres Ideal, ein Gefühl von unvergleichlichem Edelmut auszustrahlen. John war verwirrt von dem Gedanken, daß er diesen Blick kannte, daß er diese Augen vorher schon einmal gesehen hatte.

Er erschauerte am ganzen Körper, als ihm wieder einfiel, an wen ihn diese Augen erinnerten: den alten Millionär. Nicht weniger beunruhigend war die Tatsache, daß der Bettler ihn um genau die gleiche Summe gebeten hatte wie der Millionär, den John einst für einen Gärtner gehalten hatte: zehn Dollar! Es gelang ihm nicht ganz, sich davon zu überzeugen, daß es sich nur um einen Zufall handelte.

Aber das war unmöglich: Er hatte doch den toten Körper des alten Mannes im Rosengarten liegen sehen. Möglicherweise war er aber nicht wirklich tot gewesen. John rief sich den alten Mann in Erinnerung, wie er mit einer Rose auf der Brust ausgestreckt auf dem Gartenweg lag. Wenn er es sich so überlegte, hatte der Millionär sehr lebendig ausgesehen, sogar im Zustand ewiger Ruhe. Doch wie konnte ein Mann, selbst einer, der so voller Überraschungen steckte wie der alte Millionär, aus dem Reich der Toten zurückkehren?

John dachte, daß sich ein Mann, der so reich war wie der Millionär, niemals wie ein Landstreicher anziehen würde, tot oder lebendig. Aber dann sagte eine geheimnisvolle Stimme – vielleicht das Kind in ihm – doch, das war möglich. Als er vorwärts stürmte, um den alten Bettler aufzuhalten, der sich schwungvoll seinen Weg durch die Menge bahnte, stieß John mit einer Fußgängerin zusammen, einer dicken älteren Frau, die ihre Einkaufstasche auf den Bürgersteig fallen ließ.

Trotz seiner Hast vergewisserte er sich, daß die Frau den Zusammenstoß unbeschadet überstanden hatte, und half ihr, die verstreuten Lebensmittel einzusammeln. Anschließend schaute er sich um, konnte allerdings nur noch feststellen, daß der Bettler verschwunden war.

In Panik raste er los. Nach einigen Schritten dachte John, er hätte ihn gesehen, wie er um die Ecke zum Broadway bog. Er rannte schneller. Als er um die Ecke kam, sah er den alten Mann, der vor einem Schaufenster stand und auf einige Kuchen starrte. John eilte hinüber, sein Herz klopfte vor Freude, und er berührte den Mann respektvoll an der Schulter. Der Bettler drehte sich um, aber es war nicht derselbe, der um die zehn Dollar gebeten hatte. In seiner Eile hatte John nicht einmal bemerkt, daß dieser Mann keinen Hut trug – es war nur sein dunkler Mantel, der gleich aussah.

Enttäuscht entschuldigte sich John und überraschte dann den Bettler, als er ihm zehn Dollar gab. Der Mann dachte, es handle sich um einen Hinterhalt, und blickte sich um, ob John nicht einen im Schatten versteckten Komplizen hatte, der nur darauf wartete, über ihn herzufallen und ihm sein bißchen Geld zu stehlen. Aber er sah niemanden. Beruhigt dankte er seinem Wohltäter und eilte zu einer Konditorei.

John hastete zurück zum Times Square und hoffte, daß noch eine Chance bestand, den Bettler zu finden, den er suchte. Er schaute überall nach, doch er hatte kein Glück. Obwohl sein Verdacht vollkommen abwegig war, daß der Landstreicher niemand anders war, als der wieder zum Leben erwachte alte Millionär, konnte John nicht anders, als sich niedergeschlagen zu fühlen. Selbst eine lächerliche Hoffnung kann manchmal tröstlich sein.

Er trieb sich eine Weile am Times Square herum, dann ging er weiter in eine der Seitenstraßen, die durch die Stadt führten. Der seelische Aufruhr hatte ihn durstig gemacht, und er beschloß, irgendwo anzuhalten und einen Drink zu nehmen. Er erkannte ein Café, in dem er früher schon einmal gewesen war, und steuerte die Terrasse auf dem Gehweg an. Er war noch ungefähr fünf Meter entfernt, als er den alten Bettler sah.

Zuerst dachte er, er träume. Und doch wieder nicht, denn da war er und saß an einem Tisch, vor sich ein riesiges Glas Orangensaft. Er trug dieselben schäbigen Kleider – einen dunklen alten Mantel und einen großen schwarzen Hut – und warf lässig eine Münze in die Luft, um zu sehen, ob sie bei der Landung Kopf oder Zahl zeigte, genauso wie es der alte Millionär während ihres gemeinsamen Mittagessens getan hatte. Bei einem Wurf schleuderte er die Münze zu hoch und verfehlte sie beim Versuch, sie zu fangen. Er beobachtete, wie sie den Gehweg entlang geradewegs auf John zurollte, der sich schnell hinunterbeugte und sie aufhob.

Als er sich aufrichtete, begegnete er dem Blick des alten Mannes und wurde wieder von Gefühlen überwältigt. Seine Intuition hatte ihn nicht getrogen. Der Bettler mit den ungewöhnlichen, vor Leben und Freude funkelnden Augen, war niemand anders als der alte Millionär. Als dieser entdeckte, daß John ihn endlich erkannt hatte, breitete sich ein Lächeln über sein Gesicht, in dem Welten von Weisheit lagen. Anders als John schien er nicht im geringsten überrascht zu sein, sich auf diese Weise wiederzutreffen, so ganz »zufällig« auf einer New Yorker Straße. Hatte er letzten Endes diese Begegnung vorausgeahnt – oder gar in die Wege geleitet?

Während er noch unter den Nachwirkungen seiner völligen Verblüffung litt, ging John mit der Münze in der Hand auf den alten Millionär zu und stellte eine Frage, von der er wußte, daß sie reichlich albern klang.

»Wie kommt es, daß Sie nicht tot sind?«

»Weil ich am Leben bin«, erwiderte der Millionär und sein Lächeln wurde breiter.

»Aber ich verstehe das nicht! Es ist unmöglich! Sie lagen auf dem Boden in Ihrem Garten. Ich habe Sie gesehen.«

»Wie schon Shakespeare sagte: Es gibt mehr auf der Welt, als in Philosophiebüchern steht. Ich war einfach in einem Stadium tiefen Schlafes, in dem ich wieder Kontakt mit meinem wahren Selbst aufnahm. – Das ist eine hübsche Krawatte, die Sie da tragen«, fügte er hinzu.

Überrascht von dem unerwarteten Kompliment, hob John eine Hand an seine Krawatte. Er fragte sich, ob es nur ein weiterer Zufall war oder ob der alte Millionär mit seiner geheimnisvollen Wahrnehmungskraft geahnt hatte, wie sehr er an dieser Krawatte hing, da sie einmal seinem Vater gehört hatte.

»Danke«, sagte er und wurde rot.

John stellte keine weiteren Fragen über die »Auferstehung« des exzentrischen Millionärs, obwohl sie ihm höchst merkwürdig und unerklärlich schien.

Es herrschte eine angespannte Ruhe. Johns Hand lag immer noch auf der Krawatte, als er begann, über die Frustration der letzten Monate nachzudenken, über die wiederholten Mißerfolge, denen er ausgesetzt war. Mehr als einmal stiegen ihm dabei Zweifel an den Ratschlägen des Millionärs auf. Er fühlte, wie eine Woge des Ärgers über ihn schwappte. Er warf die Münze auf den Tisch und erklärte: »Ihretwegen habe ich meinen Job gekündigt. Und nun bin ich am Rande des Bankrotts.«

Der alte Mann sah einigermaßen überrascht auf die Münze, als ob ihn Johns versteckter Vorwurf zutiefst bekümmere. Dann lächelte er wieder und erwiderte: »Wenn ich Ihnen nur einen Fisch gegeben hätte, den Sie essen sollten, und nicht versucht hätte, Ihnen beizubringen, wie man ein Fischer wird, hätten Sie etwas, das Sie mir vorwerfen könnten. Aber ich habe Ihnen nicht nur alle Geheimnisse des Reichtums offenbart, ich gab Ihnen auch einen ganz großen Fisch, einen, der fünfundzwanzigtausend Dollar wert war, wenn Sie sich erinnern wollen.«

Gerade als er das gesagt hatte, hielt eine schwarze Limousine neben ihnen an, und ein Chauffeur stieg aus. Nicht lange, und John erkannte, daß der alte Mann diesen nicht nur kannte, sondern daß es *sein* Chauffeur war, Edgar.

Kapitel 6

*In welchem der Millionär dem jungen Mann
beibringt, zu denken wie ein Millionär*

Der Millionär grüßte seinen Chauffeur mit einem Lächeln und bat ihn, den Kofferraum der Limousine zu öffnen. Er holte eine antike, überaus fein geschnitzte Holzkiste heraus und lud John dann zu einer Fahrt in seiner Limousine ein. Die drei Männer fuhren los.

An einer roten Ampel ließ der alte Mann sein Fenster herunter und deutete auf einen Mann, der an der Bordsteinkante stand. Er trug einen sehr schlecht geschnittenen Anzug mit viel zu kurzen Hosen und eine abgewetzte Aktentasche. Der Millionär stellte John folgende Frage: »Wissen Sie, was der Unterschied ist zwischen diesem Kerl und mir?«

»Nun, er hat keinen Chauffeur, verfügt möglicherweise nicht über Ihr Bankkonto und würde es nie wagen, sich wie ein Landstreicher zu kleiden.« Der Millionär brach in Gelächter aus. John hatte gewiß Sinn für Humor.

»Wie wahr, wie wahr. Aber der größte Unterschied, der grundsätzliche Unterschied liegt in dieser Kiste«, sagte der alte Mann und wies auf die Holzkiste, die auf seinen Knien lag. »Ich habe sie von meinem Meister bekommen, als ich gerade am Anfang war, und sie ist einer der Hauptgründe für meinen Erfolg. Und jetzt gebe ich sie Ihnen, weil ich sie nicht mehr brauche. Eines Tages, wenn die Zeit gekommen ist, werden Sie sie an einen anderen Mann oder eine andere Frau weitergeben, damit die Kette nicht reißt und die Lehre verbreitet wird.«

John betrachtete neugierig die wunderschöne alte Kiste und war voller Ungeduld, sie zu öffnen. Was mochte darin sein? Kostbare Juwelen? Die Besitzurkunde für ein Grundstück oder ein großes Bankkonto? Eine geheime Formel? Ein unfehlbarer Plan, ein Vermögen zu machen? Der alte Mann überreichte ihm die Kiste mit einem flüchtigen Lächeln. Schnell öffnete John sie und war nicht in der Lage, seine Enttäuschung zu verbergen, als er darin nur ein altes Radio fand. Das Ding mußte mindestens vierzig Jahre alt sein, wenn nicht älter. Er hob es aus der Kiste und warf dem Millionär einen skeptischen Blick zu.

»Dieser Kerl«, sagte der alte Mann, indem er auf den schlecht angezogenen Mann auf dem Gehweg zurückkam, der auf seinen Bus wartete, »hat, mit allem nötigen Respekt, sehr viel Ähnlichkeit mit einem Wilden, der im Wald lebt und niemals ein Radio gesehen hat.«

Die Ampel wechselte auf Grün, und die Limousine fuhr weiter.

»Stellen Sie sich vor, Sie finden einen primitiven Wilden inmitten des Dschungels. Sie zeigen ihm dieses Radio und sagen ihm, daß Töne aus der Kiste kommen können. Und nicht nur Geräusche, sondern auch menschliche Stimmen und Musik. Er denkt wahrscheinlich, Sie spinnen. Die Existenz von unsichtbaren Radiowellen läge völlig außerhalb der Reichweite seines Verständnisses.

Normale Leute ähneln diesem Wilden. Sie glauben nicht, daß Ideen real sind, genau wie der Wilde nicht glaubt, daß Radiowellen wirklich existieren. Und doch wissen wir, daß es Radiowellen gibt, wenn wir sie auch nicht sehen können. Unglücklicherweise geht die Bildung der meisten gewöhnlichen Menschen nicht weiter als bis dahin. Sie endet genau da, wo der Unterricht der außergewöhnlichen Menschen anfängt. Außergewöhnliche Leute wissen, daß Ideen ganz reale Wesen sind, daß jede Idee, die wir aussenden, dazu neigt, sich zu verwirklichen, indem sie die Leute und Umstände anzieht, die ihr dazu verhelfen, Realität zu werden. Und es spielt überhaupt keine Rolle, ob die Idee gut oder schlecht ist. Außergewöhnliche Menschen wissen, daß Ideen reale Dinge sind. Sie wissen, daß das Gehirn, der Verstand, wie dieses Radio ist, daß es außerordentlich schöne Musik erzeugen kann, daß es genug Reichtum enthält, um ihre Bedürfnisse für den Rest ihres Lebens zu befriedigen. Und ich spreche nicht nur über Geld, ich spreche über Erfüllung.

Wenn der Mann, den wir vor einem Moment sahen, fähig wäre, seine inneren Kräfte zu nutzen, könnte er nicht nur seine Träume verwirklichen, sondern auch sich selbst vervollkommnen. Nehmen Sie einen echten Millionär, nehmen Sie ihm alles weg, was er hat, und versetzen Sie ihn in die Situation dieses Mannes. In wenigen Monaten, höchstens einigen Jahren, wird er wieder sein Glück gemacht haben. Warum? Weil ihm die wichtigste Sache, die er besitzt, nicht weggenommen werden konnte – sein Verstand.«

Der alte Mann machte eine kurze Pause und fuhr dann fort: »Wenn Sie sich zu Beginn eine Ideenliste gemacht haben, müssen Sie anschließend Ihre Prioritäten festlegen. Stellen Sie sich selbst folgende Frage: Wenn ich nur Zeit hätte, um an einer dieser Ideen zu arbeiten, die mir einfielen, welche würde ich mir aussuchen? Welche von ihnen birgt die größten Möglichkeiten? Sobald Sie diese Frage beantwortet haben, konzentrieren Sie all Ihre Anstrengungen darauf, diese Idee in die Tat umzusetzen.«

»Aber«, fragte John, »wie kann ich wissen, ob die Idee, die ich wähle, die richtige ist? Ich kenne eine Menge Leute, die dachten, sie hätten eine ausgezeichnete Idee, und ihr Leben damit ruinierten.«

»Sie müssen auf Ihre innere Weisheit vertrauen, auf Ihre Intuition.«

»Aber wie weiß ich, daß meine Intuition nicht falsch ist?«

»Gute Frage«, antwortete der Millionär lächelnd. »Ich sehe, daß Sie immer besser lernen zu denken, die richtigen Fragen zu stellen. Es ist absolut wichtig, daß Sie Ihren Verstand richtig programmieren, nämlich positiv. Das geschieht, indem Sie solche Formulierungen, wie ich sie Ihnen gegenüber bereits erwähnt habe – Tag für Tag geht es mir in jeder Hinsicht besser und besser – ständig wiederholen. Tun Sie es laut, jeden Morgen. Vergessen Sie nicht, daß der Verstand auch eine dunkle Seite hat, die äußerst boshaft sein kann. Millionen von Menschen werden von dieser dunklen Kraft gesteuert, sogar ohne es zu bemerken. Genau in der Fähigkeit, ihre wirkliche Natur zu verbergen – und besonders ihren zerstörerischen Einfluß – liegt die Macht der Dunkelheit.«

»Ich verstehe«, sagte John.

»Dieses Prinzip, sich Prioritäten zu setzen, kann auf jeden Bereich Ihres Lebens angewandt werden. Fragen Sie sich selbst, welche von allen Ihren Tätigkeiten für Sie am wichtigsten sind, welche Sie mit dem größten Glück erfüllen. Wenn Sie darüber nachdenken, werden Sie verstehen, daß alles, was wir tun, nur ein Ziel hat: uns unserem wahren Selbst näher zu bringen, unserer geistigen Selbstverwirklichung. Wenn Sie das verstanden haben, werden Sie in der Lage sein, sich vollständig sich selbst zu widmen, ohne jedes Herumirren, ohne auch nur eine Minute Ihrer Zeit zu verschwenden, weil Sie verstehen werden, daß Sie bereits Jahre verschwendet haben, sogar Jahrhunderte. Sie werden aufhören, Zeit zu vergeuden, weil alles, was Sie tun, Sie näher an diesen einzigartigen und erhabenen Punkt bringt, an dem die wirkliche Reise beginnt, die Reise, auf die Sie sich durch all Ihre vergangenen Leben hindurch vorbereitet haben.

Der größte Fehler der Menschen ist der, daß sie denken, sie hätten alle Zeit der Welt, das zu tun, was wichtig ist. Die wirklich großen Weisen und die beweglichen Geister in dieser Welt leben jeden Tag, als wäre es ihr letzter, indem sie sich stets den wesentlichen Aufgaben widmen. Denken Sie darüber nach.«

Die Limousine bahnte sich ihren Weg durch den Verkehr auf einer von New Yorks belebteren Straßen in Richtung der Residenz des Millionärs auf Long Island.

»Die meisten Menschen leben in einer Art anhaltendem Stumpfsinn. Sie hoffen auf eine unklare Art und Weise, daß irgend etwas geschehen wird, das ihr Leben verbessert, irgendein Ereignis, eine zufällige Begegnung, ein großer Lottogewinn oder ein politischer Machtwechsel. Sie merken nicht, daß alles mit ihnen selbst beginnt und endet, daß sie, und sie ganz allein, für ihr Schicksal verantwortlich sind. Die Ideen, die ihren Verstand beherrschen, werden schließlich ihr Leben lenken. Was wir innen drin sind, wird letztlich immer außen sichtbar werden. Alles, was sich der menschliche Geist vorstellt und woran er glaubt, kann vollbracht werden. Wann immer Sie dieses grundlegende Prinzip vergessen, wann immer Sie seine Wahrhaftigkeit bezweifeln, öffnen Sie diese Kiste und betrachten Sie das alte Radio.«

Während er über die Worte des alten Mannes nachsann, legte John das Radio zurück in die Kiste und schloß den Deckel. Den Rest der Fahrt, eine halbe Stunde, blieben beide still. John fühlte sich wohl, ruhiger, als er es seit Tagen, sogar Wochen, gewesen war, als ob er nach einer langen und anstrengenden Reise endlich heimgekommen sei. Er erkannte, daß der Millionär so etwas wie ein geistiger Vater für ihn geworden war und daß die Tatsache, ihn wiedergefunden zu haben, ihm geholfen hatte, seine geschäftlichen Sorgen zu vergessen, wenn auch nur vorübergehend.

Unbestreitbar war, daß der alte Mann über eine einzigartige Eigenschaft verfügte, die allen großen Seelen eigen ist: Er konnte andere ohne Worte beeinflussen, einfach durch die Energie, die von seinem Wesen ausging, ausstrahlte von seiner eigenen inneren Freude und seinem eigenen inneren Licht.

Kapitel 7

*In welchem der junge Mann entdeckt,
daß er beides zur gleichen Zeit sein kann,
der Gärtner und die Rose*

Sie passierten nun die prunkvollen Häuser der Hamptons, und bald hielt die Limousine vor einem eindrucksvollen Tor. Edgar, der Chauffeur, öffnete es mittels einer Fernbedienung. Sie folgten der gewundenen Auffahrt, die von Blumen aller Art gesäumt war, als ein gewaltiges Gebäude im Blickfeld erschien.

John dachte, es wäre das neue Haus des Millionärs. Aber bei näherem Hinsehen erkannte er, daß es nur die Garage war, mit nicht weniger als sechs Doppeltüren. Als das Haus ein paar Sekunden später endlich auftauchte, war er ein bißchen enttäuscht. Es war kleiner als das vorherige, im Tudorstil erbaute Herrenhaus. Aber als sie näher an das Haus herankamen, erkannte er bald seinen Fehler: Das Haus verfügte über gut zwanzig Zimmer, die sich über drei Stockwerke verteilten, und drei gemauerte Kamine. Schließlich sichtete er ein Schild, auf dem zu lesen stand: »EDGARS DOMIZIL«

Edgar, dachte John, Edgar, der Chauffeur … Das ist sein Haus!

Sie steuerten am Wohnsitz des Chauffeurs vorbei, durch ein kleines, aber sehr dichtes Gehölz, das in eine Wiese überging. Dort tollten einige Pferde frei umher oder grasten hie und da, ein junges Hengstfohlen saugte an der Zitze seiner Mutter.

John bewunderte gerade einen Augenblick die Pferde, als ein großartiges Gebäude vor ihm erschien, dreimal so groß wie das Haus von Edgar. Es war im gleichen Stil erbaut, war aber von mehr Blumen umgeben und wirkte, eingerahmt von Brunnen, Statuen, Bäumen und Blumenbeeten, weit feudaler.

»Das Gästehaus«, erklärte der alte Millionär. »Aber wenn Sie wollen, können Sie die Nacht im Hauptwohnsitz verbringen.«

Schließlich gelangten sie ans Ziel. John verstand plötzlich, was das Wort *Wohlstand* bedeuten kann. Es raubte ihm den Atem. Das Haus war die Nachbildung eines französischen Schlosses aus dem siebzehnten Jahrhundert. Es besaß vier Stockwerke, fünf bis sechs Türme und mindestens fünfzig Fenster.

»Wir sind da«, sagte der alte Mann.

John konnte nicht umhin zu denken, daß der alte Millionär viel reicher sein mußte, als er gedacht hatte: Ein Schloß wie dieses war mindestens dreißig Millionen Dollar wert, vielleicht mehr, besonders da es auf einem solch weitläufigen Grundstück in Southampton stand, wo allein der Boden ein Vermögen kostete.

Ein Butler und ein Mädchen waren da, um den Besitzer des Anwesens zu begrüßen. Sie schienen großen Respekt vor ihm zu haben, was für Mitglieder des Haushaltspersonals normal ist – doch es war mehr als das, beide schienen ihn zu lieben wie einen echten Vater.

Dazu muß gesagt werden, daß der alte Millionär weder gebieterisch noch herablassend mit seinen Angestellten umging, sondern sie behandelte, als wären sie seine Kinder. Es kam John in den Sinn, daß es keinem von ihnen auch nur im Traum einfallen würde, über ihn zu lachen, sogar wenn er zufällig höchst eigenartige Kleidung trug.

Der Millionär übergab seinen schwarzen Hut dem Butler und bat ihn, ihn mit größter Sorgfalt zu behandeln. Dann gab er dem Mädchen

Anweisung, einen Raum für seinen Gast herzurichten, das beste Zimmer im Hause, wenn sie so gut sein wolle. Dabei wandte er sich um und sah John an, wie um sich zu vergewissern, daß er nicht zu voreilig in seiner Annahme war, daß dieser die Nacht hier verbringen wolle. John neigte einfach seinen Kopf, womit er sagen wollte, daß er die Einladung mit Freude annehme.

»Wenn Sie möchten, kann ich Ihnen meinen neuen Rosengarten zeigen, bevor wir den Rest des Hauses besichtigen«, schlug der Millionär vor.

»Ich würde ihn gerne sehen«, erwiderte John.

Sie verließen Edgar und die anderen Diener und spazierten langsam rund um das Schloß, das seine Vollendung durch die es umgebenden Wasserfälle und Springbrunnen erfuhr, vorbei an einem riesigen Schwimmbad von unregelmäßiger Form.

Der Garten war durch eine sehr hohe, makellos zugeschnittene Zedernhecke geschützt. In der Nähe des Eingangs bemerkte John eine Sonnenuhr und eine bronzene, vom Alter grünspanbesetzte Plakette, in die ein wunderlicher Spruch graviert war: »Das Geheimnis aller Dinge liegt im Herzen der Rose.«

Der Millionär ging John voraus. Der Garten, der von einer Anzahl Wege durchkreuzt war, mußte etwa zweihundert Meter lang und ungefähr hundert Meter breit sein und enthielt jede erdenkliche Sorte Rosen. Das hintere Ende des Gartens fiel zum Meer hin ab, das herrlich glänzte. Ein paar Segelboote glitten vor der steten Brise dahin.

»Was für ein traumhafter Flecken Erde!« entschlüpfte John ein Ausruf der Bewunderung. Er war zutiefst bewegt von der Schönheit des Rosengartens, dem größten, den er je in seinem Leben gesehen hatte.

Ein Rosenstrauch am Eingang des Gartens stach aus dem Rest hervor. Während die anderen bemerkenswert kräftig und buschig waren, war dieser eine verkrüppelt, ganz ausgetrocknet – eigentlich fast tot. Der Millionär blieb stehen und prüfte einen seiner Zweige, der kein Anzeichen von Parasiten, Blattläusen oder ähnlichem trug. Er beugte sich hinunter und prüfte den Ansatz des Strauches und bemerkte ein paar Knospen und drei bis vier zarte kleine Blätter. Sein Gesicht wurde von einem traurigen Lächeln erhellt. Er richtete sich auf und sagte: »Ich kam nur hierher zurück, um mich um diesen Rosenstrauch zu kümmern. Danach werde ich wieder weggehen. Meine Arbeit hier wird dann beendet sein.«

Und er drehte sich um und ging weiter, ohne John Gelegenheit zu bieten, eine Frage zu dieser ziemlich rätselhaften Aussage zu stellen. John beobachtete ihn, wie er den Weg hinunterging. Er bewunderte das fast majestätische Auftreten des alten Mannes, dem die Schäbigkeit des Mantels keinen Abbruch tat.

Vielleicht war es der berauschende Duft der zahlreichen Rosen oder der Wind, der vom Meer kam, aber seit er den Rosengarten betreten hatte, schien es John, daß sein Verstand plötzlich ruhig geworden war, als ob er sich verlangsamt hätte, mehr »Raum« zwischen seinen Gedanken ließ. Er fühlte sich frei von Sorgen, glücklicher, als er seit Jahren gewesen war, wie vor lange zurückliegender Zeit in seiner frühen Kindheit.

Für ein paar Sekunden schien er sogar zu vergessen, wo er war und auch wer er war. Er tauchte aus diesem viel zu kurzen Moment der Gelassenheit auf und fühlte sich unerwartet erfrischt, was für ihn ein seltenes Ereignis war. Er fragte sich, wie sein Leben wäre, wenn er, wann immer er es wünschte, in einen ähnlichen Geisteszustand eintreten könnte.

Er beschleunigte seinen Schritt und holte den Millionär ein, der gemächlich dahinschlenderte. Er schien fast über dem Boden zu schweben, ganz erstaunlich für einen Mann in seinem Alter. Sie erreichten bald einen mit prächtig gelb blühenden Wasserlilien übersäten Teich in der Mitte des Gartens. Ein paar weiße Enten trieben fröhlich Schabernack, während ein einzelner, majestätischer schwarzer Schwan zuschaute und sich sichtlich weigerte, etwas mit ihnen gemein zu haben.

Eine seltsame Metallkugel, aus acht getrennten Bändern konstruiert und auf einen festen Mast montiert, beherrschte das Zentrum des Teichs. Zuerst dachte John, die Kugel wäre eine Art Wetterfahne, aber dann entschied er, daß sie rein dekorativen Zwecken diente. Vielleicht wurde sie gelegentlich von einem Vogel als Sitzplatz benutzt.

Der Millionär hielt vor einem Rosenstrauch an, beugte sich vor und sog dessen Duft ein. So blieb er eine ganze Weile, dabei ging er völlig in der Wahrnehmung des Geruchs auf. John wagte nicht, ihn zu stören – etwas fast Andächtiges umgab diese Geste. Nach ein paar Sekunden drehte sich der Millionär zu dem jungen Mann um und erklärte: »Der Grund, warum Sie nicht soviel Erfolg gehabt haben, wie Sie wollten, ist der, daß Sie noch nicht gelernt haben, sich zu konzentrieren.«

»Aber ich weiß, wie man sich konzentriert«, wehrte sich John.

»Sie haben keine Ahnung, was wahre Konzentration ist.«

»In Ordnung, dann sagen Sie mir: Was ist wahre Konzentration?«

»Kommen Sie näher, und schauen Sie auf diesen Strauch«, wies ihn der Millionär an und wandte sich wieder dem Strauch zu, an dem er gerade gerochen hatte.

Er zeigte auf eine Rose, die beträchtlich größer, um einiges weiter entwickelt und viel schöner war als die anderen. John gehorchte und war gespannt, worauf der alte Mann hinauswollte. Nachdem er einen Augenblick mit vor Anstrengung gerunzelter Stirn und einem scheuen Lächeln um die Mundwinkel auf die Blüte geschaut hatte, wandte sich John dem Millionär zu und wartete auf dessen Kommentar.

»Was meinen Sie«, fragte der Millionär, »warum ist diese Rose größer als die anderen?«

John zuckte verlegen mit den Achseln und erwiderte: »Wirklich, ich ... ich weiß es nicht. Ich bin kein Gärtner, und ich verstehe überhaupt nichts von Blumenzucht.«

»Nun, dann wäre es sinnvoll, sich einmal damit zu beschäftigen. Sie würden eine Menge interessanter Dinge über die Geschöpfe dieser Welt lernen – und über das Leben im allgemeinen. Alle Gesetze finden sich in der Natur, und ein Mensch, der die Naturgesetze zu lesen weiß, weiß auch, wie man die Gesetze des Lebens liest. Sehen Sie sich den Strauch noch einmal an. Betrachten Sie diese beeindruckende Rose.«

John tat, wie ihm geheißen war, lehnte sich noch einmal nach vorn, um sich, so gut wie er konnte, auf die Rose zu konzentrieren. Aber wieder konnte er nichts Ungewöhnliches erkennen, ausgenommen, daß diese eine Rose größer war als der ganze Rest. Er fragte sich, ob sich der alte Mann nur einen kleinen Scherz mit ihm erlaubte, was ihn nicht besonders überrascht hätte.

»Ich ... ich weiß es wirklich nicht. Vielleicht ist es nur eine Frage des Glücks.«

»Nein«, sagte der Millionär, »was die Leute als Glück bezeichnen, das gibt es nicht. Glück ist nur ein anderer Name für das Gesetz von Ursache und Wirkung, das auf alles angewendet werden kann. Eine wohlmeinende Handlung, ein guter Gedanke oder ein vorbildlicher Geisteszustand wird unvermeidlich immer Früchte tragen, auch wenn es dazu Zeit braucht. Denn es gibt eine himmlische Ordnung, die nie irrt und nichts übersieht. Nur weil manchmal eine ziemlich große Lücke zwischen einer Handlung und ihrem Ergebnis liegt, neigen wir dazu, die Ursache zu vergessen, befassen uns nur mit der Wirkung und sprechen von Glück. – Aber um auf unsere Rose hier zurückzukommen ... Schauen Sie sie sich noch einmal an.«

John folgte der Aufforderung, sah aber noch immer nichts außerhalb der Norm. Feine Schweißtropfen bildeten sich auf seiner Stirn. Er kam sich vor wie ein Idiot, weil er keine Erklärung für die außergewöhnliche Größe der Blüte finden konnte.

»Sie sehen nichts Besonderes?«

»Nein.«

»Wenn Sie als Unternehmer oder bei jeder anderen Art Arbeit Erfolg haben wollen, werden Sie Ihre Beobachtungsfähigkeit und Ihr logisches Denken entwickeln müssen. Viele der Millionäre, die ich kenne, hätten keine Mühe, die Antwort zu finden, die ich von Ihnen hören möchte, obwohl auch sie nichts über Blumenzucht oder Rosen wissen. Menschen, die Erfolg haben, sehen Details und entdecken Gesetzmäßigkeiten, die andere nicht erkennen. Das ist der Grund, warum normale Menschen von ihnen denken, sie hätten Glück, während sie tatsächlich nur ganz gezielt bestimmte Gesetze anwenden.«

Der alte Mann zeigte auf den Zweig mit der eindrucksvollen Rose und sagte: »Wie viele Blüten sind auf diesem Zweig?«

Die Antwort war offensichtlich.

»Eine«, erwiderte John.

»Und wie viele auf diesem?« fragte der Millionär und zeigte auf einen anderen Zweig mit einer Anzahl mittelgroßer Blüten.

John zählte sie. »Mindestens ein Dutzend«, sagte er.

»Nun, hier haben wir die Antwort. Die einzelne Rose ist nicht durch Zufall größer, sondern aufgrund der Arbeit des Gärtners, genauer, wegen seiner Konzentration. Schauen Sie hier«, forderte er John auf, »kommen Sie näher.«

Als John näher an den Zweig mit dem Dutzend Blüten trat, deutete der alte »Gärtner« auf eine Anzahl winziger Knospen an dessen Ansatz.

»Sehen Sie hier, es sind eine Menge Knospen an diesem Zweig. Ich ließ sie frei wachsen und alle diese Blüten hervorbringen.« Er zupfte eine der Knospen mit seinem Daumen und Zeigefinger ab. »An diesem anderen Zweig entfernte ich systematisch alle Knospen, wie ich es gerade gemacht habe, und erlaubte nur einer, der einen, die am vielversprechendsten aussah, zu wachsen. Deshalb bekam eine Blüte den ganzen Saft und alle Nährstoffe, die der Zweig enthielt, und wuchs zu beachtlicher Größe. Das ist Konzentration.«

Johns Gesicht hellte sich auf.

»Das Schöne dabei ist«, führte der zum Philosophen gewandelte Gärtner weiter aus und griff dabei Johns Gedankengang vor, »daß jede dieser Knospen dasselbe gemacht hätte, wenn sie ausgewählt worden wäre. Das bedeutet, daß jeder einzelne einfach durch Anwendung des gleichen Prinzips, das ich auf den Rosenstrauch anwandte, sein oder ihr Leben umwandeln kann. Denn es gibt einen wichtigen Unterschied zwischen Menschen und anderen lebenden Geschöpfen, nämlich daß ein Mensch beides zugleich sein kann, der Gärtner und die Rose!«

KAPITEL 8

*In welchem der junge Mann lernt,
sich zu konzentrieren*

Der alte Mann wanderte hinüber zum Teich, zog ein Stück Brot aus einer der großen Taschen seines alten Mantels und begann, Stücke abzubrechen und sie, so weit er konnte, ins Wasser zu werfen. Die Enten drängten sich drum herum und kämpften um das Brot. Der Schwan hingegen beachtete den Aufruhr aus irgendeinem Grund nicht weiter, als ob er das Futter nicht einmal gesehen hätte, fast als fände er es unter seiner Würde, mit den anderen Vögeln zu fressen.

»Das Leben der normalen Menschen ist wie das Leben dieser Enten«, sagte der Millionär. »Jeden Tag lassen es durchschnittliche Leute zu, daß sie durch ihre Freunde, Verwandten und auch sich selbst abgelenkt werden. Sobald sie abgelenkt sind, vergessen sie. Sie erinnern sich nicht mehr, daß sie ein Ziel vor Augen hatten. Sie wollen heute dies und morgen das, dabei rennen sie hinter den kleinen Leckerbissen und Spielen her, die ihnen in den Weg geworfen werden. Außergewöhnliche Leute jedoch, aufmerksame Menschen, sind wie der schwarze Schwan, der zufällig auch ein Symbol der Weisheit ist. Sie sind konzentriert, fest verankert im Zentrum ihres Seins, und nichts kann sie ablenken. Die Willenskraft normaler Menschen ist schwach, weil sie nicht mehr sind als eine Reihe von verschiedenen kleinen, größtenteils widersprüchlichen Selbsten. Nehmen Sie zum Beispiel sich selbst. Auf welche Weise haben Sie Ihre Bemühungen in der Agentur konzentriert?«

»Bei dem Versuch, das Geschäft anzukurbeln, muß ich Hunderte von Telefongesprächen geführt haben«, erklärte John.

»Mit derselben Person?« fragte der Millionär.

»Nein, natürlich nicht! Mit Hunderten verschiedener Leute. Sie sagten mir, daß ich beharrlich sein müsse. Deshalb ließ ich mich nicht so leicht entmutigen.«

Der Millionär verzog enttäuscht den Mund, als ob sein junger Schüler nicht eine Sache von dem, was er ihm erklärt hatte, verstanden hätte.

»Wenn ein Eskimo im Winter fischen will, gräbt er dann ein Loch ins Eis, indem er umhergeht und seinen Pickel in hundert verschiedene Plätze schlägt?«

Mehr zu sagen war nicht notwendig. Schamhaft lächelnd mußte John zugeben, daß ihm eine gründliche Lektion erteilt worden war.

»Erinnern Sie sich an die Geschichte von Thomas Edison?« fuhr der Millionär fort. »Versuchte er, zehntausend verschiedene Dinge zu erfinden?«

»Nein«, erwiderte John. Ihm war die außerordentliche Beharrlichkeit des berühmten Erfinders bekannt. »Er brauchte zehntausend Versuche, um die erste Glühbirne zum Funktionieren zu bringen.«

Die beiden Männer verfielen einen Augenblick in Schweigen.

»Es gibt da eine Sache, die die meisten Leute vergessen oder an die sie nicht einmal denken«, fuhr der Millionär fort, »und das ist, daß es immer einen Grund für das Scheitern gibt – genauso wie es einen Grund für den Erfolg gibt. Nun, welche anderen Fehler haben Sie gemacht?«

Die Frage überraschte John.

»Ich weiß es nicht.«

»Denken Sie darüber nach«, beharrte der alte Mann. »Sie wissen alle Antworten. Sie müssen sich nur die Mühe machen, sie zu finden.«

»Ich bin wirklich nicht sicher. Wenn ich sie damals gewußt hätte, würde ich sie nicht gemacht haben und wäre erfolgreich gewesen.«

»Exakt!« bestätigte der Millionär und lachte. »Ich sehe, daß Sie Ihr Gehirn wenigstens manchmal benutzen. Das ist ein Anfang. Aber wo wir gerade beim Thema Denken sind, sagen Sie mir, wieviel Zeit Sie ungefähr damit zugebracht haben, nur über Wege zum wirklichen Erfolg nachzudenken, seit Sie Ihre Agentur eröffnet haben?«

»Ich, äh ... ich muß zugeben ... Ich weiß, es ist dumm, aber ich hatte soviel zu tun ...«

»Soviel zu tun. Wie alle gewöhnlichen Leute, die ihr Leben verschwenden, indem sie unnütze Dinge tun, anstatt innezuhalten und sich Zeit zu nehmen, um nachzudenken. Pascal sagte, daß das größte Problem eines Menschen die Unfähigkeit sei, allein in seinem Zimmer zu bleiben. Nun, das größte Problem für einen Geschäftsmann – oder einen Künstler oder einen Wissenschaftler, der Beruf spielt keine Rolle – ist die Unfähigkeit, in seinem Büro oder Studio oder Labor bei abgeschaltetem Telefon zu sitzen, ohne Sekretärin oder Kollegen um ihn herum, ohne Akten auf dem Schreibtisch und ohne zuzulassen, von seinem eigenen Verstand gestört zu werden, und nur darüber nachzudenken, wie er sein Unternehmen oder seine Kunst verbessern, mit anderen Worten: wie er erfolgreich sein könnte.

Als ich mich selbständig gemacht habe, verstand ich dieses Geheimnis und verbrachte ganze Tage mit Nachdenken und damit, meinen Geist zu leeren. Ich saß still in meinem Büro, das Telefonkabel aus der Steckdose gezogen. Dann sagte ich zu mir selbst: ›In einer Woche werde ich zehn lohnende Ideen entwickelt haben.‹ Das Ergebnis war phänomenal. In einer einzigen Woche entwickelte ich genug Ideen und Projekte, um mit ihnen über eine Million Dollar zu verdienen.«

»Eine Million Dollar?«

»Genau, eine Million Dollar. Die hätte ich gewiß nicht verdient, wenn ich wie jeder andere meine Zeit mit Arbeiten verbracht hätte. Ganz klar, ich sage nicht, daß Sie all Ihre Zeit mit Denken verbringen sollen. Einige Leute gehen zu weit und handeln nie. Sie haben eine Idee und verfeinern sie immer weiter, bis sie vom vielen Denken gelähmt werden. Es gibt auch eine Zeit zum Handeln. Sie müssen den richtigen Zeitpunkt treffen, und das braucht Mut und Verwegenheit. Wenn Sie etwas anfangen, müssen Sie hart arbeiten. Und ich meine intensiv, mit Körper und Seele. Obwohl Arbeit nicht die einzige Sache ist, die zählt, gibt es nichts, was ihren Platz einnehmen kann. Sie haben die Zeit, wenn Sie es wirklich versuchen. Wahre Konzentration ist Aufopferung.«

»Aufopferung?« wiederholte der junge Mann, überrascht von der fast religiösen Definition einer mehr oder weniger allgemein üblichen geistigen Tätigkeit.

»Das ist richtig. Wenn Sie sich konzentrieren, bedeutet das, daß Sie dafür alle anderen Tätigkeiten opfern. Es bedeutet, daß Sie all Ihre Gedanken und Gefühle, sämtliche Energien und die ganze Kraft Ihres Körpers, Ihrer Nerven, Ihrer Hormone ... daß Sie alles zusammen auf ein einziges Ziel ausrichten. Es bedeutet, daß Sie Ihr gesamtes Wesen dazu bringen, dieselbe Sache leidenschaftlich zu wünschen – und diesen Wunsch beizubehalten, tagelang, monatelang oder sogar jahrelang. Das ist es, was ich Aufopferung nenne.

Wenn Sie lernen, sich zu konzentrieren, wenn Sie sich unermüdlich derselben Tätigkeit widmen, demselben Beruf, werden Sie einen Zustand erreichen, in dem lohnende Ideen, wundersam nützliche Ideen, spontan in Ihrem Verstand entstehen. Und wenn Sie einmal diesen Zustand wahrer Konzentration erreicht haben, werden Sie fast von selbst den Knackpunkt eines jeden Problems erkennen können. Wie das Genie, das scheinbar fähig ist, zu denken, ohne nachzudenken, und zu handeln, ohne zu handeln. Darum wird gesagt, daß man, wenn man wirklich anfangen will, Geld zu verdienen, eine Menge Geld, erkennen muß, daß man nur in einen besonderen Geisteszustand eintreten muß, in dem, was immer man tut, mehr ein Spiel ist als gewöhnliche Arbeit. Eigentlich liegt das wirkliche und geheime Ziel der Arbeit darin, daß Sie Ihr Bewußtsein in einen Zustand versetzen, in dem alles leicht wird, Reichtümer im Überfluß vorhanden sind und der Erfolg zum Greifen nah ist.

Natürlich werden Sie auf Hindernisse treffen. Alles auf dieser Welt, alles in der Natur stellt sich der Konzentration entgegen. Wir leben in einem Zeitalter der Unterhaltung, der stetigen Zerstreuung. Darum vergißt man nach ein paar Minuten, zehn Minuten oder einer Stunde und fängt etwas anderes an. Das alte Selbst rebelliert und erhebt sein häßliches Haupt wieder und wieder. Zuerst ist es ein mühsames Ringen, weil man alte, eingefleischte Gewohnheiten bekämpft, deren man sich möglicherweise nicht einmal bewußt ist, Gewohnheiten, die seit Jahrhunderten, seit Jahrtausenden zu einem gehörten!

Aber mit der Zeit wird der Weg ebener werden. Konzentration wird zu Beherrschung des Geistes führen, und diese Meisterschaft wird Ihnen erlauben, Ihr Schicksal zu steuern. Wenn Sie wirklich konzentriert sind, werden Sie eine ungeheure Liebe für alles, was Sie tun, entwickeln. Sie werden wie ein Kind werden und vollkommen aufgehen in dem, was Sie im gegenwärtigen Augenblick tun, ein Mensch, für den Vergangenheit und Zukunft einfach nicht existieren. Sie werden fühlen, wie Sie sich selbst in dieser ungeheuren Liebe für das Jetzt und Hier auflösen, und Ihre Triumphe werden um so bemerkenswerter sein, da alles, was wir mit Liebe tun, unweigerlich von Erfolg gekrönt ist.

Doch vergessen Sie niemals, daß die Methode, die ich Sie lehre, niemals für selbstsüchtige Zwecke benutzt werden darf, weil sich alles, was Sie auf Kosten anderer gewinnen, gegen Sie wenden wird, Sie in den Würgegriff nehmen wird, so gewiß, als würden Sie versuchen, jemanden mit einem Seil zu erwürgen, das um Ihren eigenen Hals geschlungen ist.

Nur weil das Gesetz von Ursache und Wirkung nicht immer sofortige Wirkung zeigt, es oft lange Zeit braucht, bevor seine Ergebnisse sichtbar werden, denken Sie vielleicht, Sie hätten etwas gewonnen, während Sie sich in Wirklichkeit nur selbst ärmer machen. Wie ein blinder Mann, der ein fröhliches Lied pfeift, während er auf den Abgrund zumarschiert, mögen Sie für eine Weile frohlocken und glauben, Sie wären mit etwas davongekommen, nur um schließlich schreiend vor Entsetzen ins Verderben zu stürzen.«

Der alte Mann hatte kein Brot mehr in der Hand, so daß die Enten bald das Interesse verloren und davonschwammen. Der schwarze Schwan, der seinen Abstand beibehalten hatte, während die Enten gefüttert wurden, näherte sich unergründlicherweise genau in dem Augenblick, als es kein Futter mehr gab.

Mit durchdringendem, aber sanftem Blick starrte er den Millionär an. Er bewegte sich nicht von der Stelle, und John erkannte bei dieser Gelegenheit, als er ihn näher in Augenschein nehmen konnte, wie schön dieser edle Vogel war. Seine Augen, die einen fast menschlichen Ausdruck hatten, glichen nichts, was er je gesehen hatte; sie strahlten eine Art großer Gelassenheit aus.

Der alte Mann nahm noch ein Stück Brot aus seiner Tasche und kniete sich am Rand des Teichs nieder. Der Schwan kam noch näher und fraß ihm aus seiner Hand, während der Millionär ihn liebevoll streichelte. Der Vogel war überhaupt nicht ängstlich und schien die Aufmerksamkeit sehr zu genießen.

Dann wandte der Schwan seinen Kopf und schaute John an, der diesen Blick höchst beunruhigend fand. Er war so rein, so voller Liebe, daß John sich plötzlich der Begrenztheit seines eigenen Lebens, seiner kleinlichen Wünsche und Hoffnungen bewußt wurde. Es war, als ob im Körper dieses Vogels eine Seele wohnte, die viel weiter entwickelt war als seine eigene.

Der alte Gärtner stand auf, drehte sich zu John um und klopfte ihm ermutigend auf die Schulter, als ob er seine Gedanken lesen könnte.

»Sie erinnern mich an ein Löwenjunges, über das ich einmal in einer alten indischen Legende gelesen habe. Noch ganz jung verlor der kleine Löwe seine Eltern und wurde von Ziegen aufgezogen, so daß er, als er erwachsen war, dachte, er wäre auch eine Ziege. Er fraß wie eine Ziege, obwohl er nicht die richtigen Zähne hatte. Er versuchte zu meckern wie eine Ziege, aber sein Brüllen klang völlig verkehrt. Und als er eines Tages einen anderen Löwen traf, erkannte er seinen Bruder nicht und war genauso erschrocken wie alle Ziegen. Er hatte seine wahre Natur vergessen, genauso wie es die meisten Menschen tun. Sie sind Löwen, die wie Ziegen handeln, ihr ganzes Leben lang. Jene, die darauf bestehen, daß sie Löwen und keine Ziegen sind, werden vom Rest der Herde als Narren oder Propheten angesehen. Das sage ich Ihnen: Schütteln Sie die Ziege ab, damit der Löwe in Ihnen erwachen kann!«

Um Johns Fortschritte einzuschätzen, schlug der alte Mann eine Prüfung vor. Dazu bat er John, sich auf die Rose zu konzentrieren. John tat sofort, wie ihm gesagt wurde, während der Millionär wohlwollend zuschaute. Nach ungefähr einer Minute lobte ihn der Millionär: »Sie machen das sehr gut.«

Der junge Mann strahlte vor Stolz und hörte auf, die Rose anzustarren. Er sah den Millionär an und sagte: »Danke.«

»Wenn Sie sich richtig konzentriert hätten«, schalt der Millionär, »hätten Sie mich nicht gehört und würden immer noch auf die Rose starren. Fangen Sie noch einmal an.«

Beschämt, so leicht hereingelegt worden zu sein, konzentrierte sich John wieder auf die Rose. Dieses Mal, sagte er zu sich selbst, wird mich nichts ablenken. Sogar wenn er mich bittet aufzuhören, werde ich ihn einfach nicht beachten, mich keinen Zentimeter bewegen und nicht davon ablassen, diese verdammte Rose anzuschauen. Wir werden sehen, wer stärker ist, er oder ich. Er hat keine Ahnung, wozu ich fähig bin.

Aber nach einigen Minuten, während John noch ganz konzentriert war, hörte er ein Geräusch irgendwo vor sich; ein Geräusch, das unmißverständlich wie das Brüllen eines wilden Tieres klang, eines Löwen oder einer anderen Wildkatze. Außerdem schien das Gebrüll mit alarmierender Geschwindigkeit näher zu kommen. John ließ die Prüfung Prüfung sein und hob den Blick. Ein riesiger Löwe schlich auf ihn zu, als wolle er sein Opfer jeden Moment anspringen. Es war absolut nichts Freundliches in der Art, wie er ihn beobachtete. John dachte, er hätte seinen Verstand verloren. Was trieb ein Löwe von allen Orten der Welt ausgerechnet in einem Rosengarten in Southampton? John drehte sich zu dem Millionär, um zu sehen, wie dieser reagierte, und war erstaunt, ihn völlig ruhig dastehen zu sehen, als wäre die wilde Bestie nur ein harmloses Katzenkind.

»Was sollen wir machen?« flüsterte John mit zusammengebissenen Zähnen.

Der Millionär lächelte nur und sagte: »Wenn Sie wirklich konzentriert gewesen wären, hätten Sie nicht einmal den Löwen kommen hören.«

»Richtig, und ich wäre zum Mittagessen verspeist worden! Vorwärts«, forderte er den alten Mann auf und ergriff dessen Arm, »lassen Sie uns weglaufen!«

»Beruhigen Sie sich. Es gibt nichts, wovor wir uns fürchten müßten.«

Kaum mehr als einen Meter entfernt, hörte der Löwe plötzlich auf zu brüllen, kam näher und rieb sich am Bein des alten Mannes. Der Millionär kraulte den Pelz des Tieres und vergrub seine Finger in der dichten Mähne, während der Löwe vor Vergnügen schnurrte.

»Guter Junge, Horace, du bist ein guter Junge.«

John schaute verblüfft zu.

»Wie Sie sehen, John«, erläuterte der Millionär, »sind Sie wegen nichts ganz außer sich geraten. Wenn Ihr Geist stärker ist und besser geschult, wenn Sie gelernt haben, die Dinge klarer zu sehen, werden Sie verstehen, daß wir uns *immer* wegen nichts Sorgen machen. Alles, was passiert, hat einen Grund und geschieht immer nur zum Besten. Und gleichzeitig ist in gewisser Hinsicht nichts wirklich von Bedeutung. Die Dinge sind nur so wichtig, wie wir sie machen.

Wenn Sie also das nächste Mal in Bedrängnis geraten und die Situation sehr ernst oder sogar ausweglos scheint, erinnern Sie sich daran, was ich Ihnen gerade erzählt habe, denken Sie an das, was hier gerade geschehen ist. Eines Tages werden Sie erkennen, daß Probleme nur Mißverständnisse sind, Fallen, in die wir tappen, weil wir unseren eigenen Geist nicht meistern konnten. Sogar der Tod, die äußerste Herausforderung, vor der sich so viele Leute fürchten, ist ein vollkommen harmloser, bedeutungsloser Vorgang.

Die Welt ist einfach ein Spiegelbild Ihres Geistes. Wenn Ihr Verstand völlig ruhig bleibt, sogar unter den kritischsten Umständen, auch angesichts des Todes, werden all Ihre Ängste verschwinden und sich all Ihre Probleme auflösen, zurück ins Nichts, aus dem sie kamen. Denken Sie darüber nach, unablässig. Wenn Sie dieses Prinzip verstanden haben, werden Sie frei sein. Und es wird eine größere Art von Freiheit sein, als sie Ihnen ein Kontostand von einer Million Dollar geben kann.«

Nach einigen Augenblicken versetzte der alte Mann dem Löwen einen Klaps auf die Flanke, woraufhin das Tier den Weg zurücktrottete, den es gekommen war, diesmal zu Johns größter Erleichterung ohne Brüllen. Als er Horaces Abgang beobachtete, war er gespannt, welche anderen Überraschungen der exzentrische Millionär noch für ihn auf Lager hatte.

KAPITEL 9

*In welchem der junge Mann
die Kraft des Vertrauens kennenlernt*

Als der Löwe den Weg hinunter verschwunden war, wies der alte Mann auf die seltsame Metallkugel in der Mitte des Teiches und sagte: »Wenn Ihre Willenskraft durch das Trainieren Ihrer Konzentrationsfähigkeit stark geworden ist, werden Sie in der Lage sein, große Dinge zu vollbringen. Sie werden sogar diese Kugel in Rotation versetzen können.«

John blickte skeptisch drein. Das hörte sich nach einem Zaubertrick an. Er wußte, daß der Millionär weise war, daß er über große geistige Kräfte verfügte, aber eine Metallkugel allein durch Konzentration dazu zu bringen, daß sie sich drehte ...

»Versuchen Sie es.«

Der junge Mann verzog den Mund. Das war wirklich eine eigenartige Aufforderung, vielleicht eine weitere Falle. Der alte Mann hatte seit ihrem allerersten Treffen unzweideutig bewiesen, daß er eine ganze Reihe Tricks auf Lager hatte. John warf einen fragenden Blick auf den Millionär, als ob er sichergehen wollte, daß dieser es ernst meinte mit dieser neuen und absonderlichen Übung. Der Millionär nickte mit einem Lächeln. John tat, wie verlangt – er versuchte, sich auf die Kugel zu konzentrieren und sie dazu zu bringen, sich zu drehen, aber natürlich scheiterte er.

Er wandte sich wieder dem alten Mann zu, der sagte: »Was das Denken kraftvoll macht, ist die Verschmelzung des großen mit dem kleinen Selbst. Eine der besten, schnellsten und einfachsten Methoden hierzu ist, eine der großen magischen Formeln zu wiederholen, wie beispielsweise: *Tag für Tag geht es mir in jeder Hinsicht immer besser.* Oder diese, die ich seit Jahren benutze: *Tag für Tag bin ich bei allem, was ich tue, kraftvoller, zuversichtlicher, gesünder und glücklicher.* Diese Formulierungen sind geheime Schlüssel, mit denen Sie die Tür zur Kraft in Ihrem Inneren aufschließen und dadurch Ihre innere Weisheit, die ich zuvor erwähnte, erwecken können.

Ihr Verstand ist wie Aladins Wunderlampe. Um den in Ihnen schlummernden Geist wach zu rütteln, wiederholen Sie einfach diese mächtigen Formeln, und das Wunder wird geschehen. Nach und nach werden Sie anfangen, der zu sein, der Sie wirklich sind. Wenn Sie erkennen, daß die Lampe Ihr Verstand ist und Sie Ihr eigener Geist sind. Sie sind beides, Herr und Diener, nur wissen Sie es nicht. Wenn Sie Ihre innere Weisheit entdecken, werden Sie sich selbst finden, obwohl Sie niemals wirklich verloren waren. Sie wären wie eine Frau, die an ihrem Hals eine Kette findet, die sie überall gesucht hat. Kann sie sagen, daß die Kette verschwunden war?

Die meisten Menschen opfern das wahre Leben einem sogenannten Realismus. Sie vergessen ihre großen Träume und sagen sich: Du mußt realistisch sein. Doch das wahre Leben ist eigentlich nichts anderes als Magie, reine Magie, denn der menschliche Geist kann alles Mögliche vollbringen, und ich meine alles Mögliche im buchstäblichen Sinn des Wortes. Um das zu beweisen, benötigt Ihre innere Weisheit lediglich ein Wort von Ihnen.«

Der Millionär verfiel in Schweigen und wandte sich der Kugel zu. Sein Gesichtsausdruck wurde ernst. Seine Augen, die immer strahlten, schienen vor noch feurigerer Intensität aufzuleuchten. Und zu Johns größtem Erstaunen begann sich die Kugel nach nur wenigen Sekunden zu drehen.

John glaubte, er träume. Hier erhielt er endlich in Form einer greifbaren Vorführung den Beweis, daß der Geist über unendliche Macht verfügte. Schauer rannen seinen Rücken hinauf und hinunter, und eine Art andächtiger Ehrfurcht überwältigte ihn, wie es Menschen immer passiert, die Vorgänge erleben, die außerhalb des Bereichs gewöhnlichen Verständnisses liegen.

Und doch keimte Zweifel in seinem Verstand auf. Was, wenn der alte Mann, ein wahrhafter Meister in der Kunst der Illusion, eine Art Fernbedienung bedient hatte, indem er zum Beispiel auf einen bestimmten Stein trat ... Oder was, wenn es nur der Wind war?

John schaute um die Kugel herum, aber das Wasser im Teich war fast vollkommen ruhig, nur leicht bewegt von langsam umherpaddelnden Enten. Und was den Wind betraf, nun, an den Rosensträuchern rührte sich kein Blatt.

Die Kugel wirbelte immer schneller um ihre eigene Achse, und bald wirkten die acht Bänder, aus denen sie gemacht war, wie eine einzige kompakte Masse. Als sie sich dann noch schneller drehte, sah es plötzlich aus, als würde sie stillstehen. Es wehte nicht einmal die Ahnung einer Brise.

Dann hörte er einen geheimnisvollen und wunderbaren Klang, wie tiefer Gesang eines himmlischen Chors – oder, genauer gesagt, die langsame Wiederholung des Mantras »OM«, das vermutlich der Ursprung aller Töne ist. John horchte aufmerksam und fühlte sich immer unbehaglicher. Er konnte nicht sagen, warum, aber er fühlte, daß die Musik direkt zu seiner Seele sprach. Er hatte dieses Gefühl früher schon erlebt, zum Beispiel, wenn er einem besonders bewegenden Musikstück lauschte, einen besonders schönen Sonnenuntergang beobachtete oder einen mit Millionen von Sternen besetzten Nachthimmel betrachtete. Es kam ihm vor, als habe er irgend etwas außerordentlich Wichtiges übersehen.

Wie viele kostbare Augenblicke mochte er wohl übersehen haben, fragte er sich und: War es am Ende nicht gar ein Teil seines Charakters, die grundsätzlichen Dinge im Leben, alles, was wirklich wichtig ist, zu vernachlässigen, auf später zu verschieben, wie man es so oft bei den Menschen tut, die man liebt. Es scheint niemals genug Zeit dazusein, um die großen Leidenschaften zu leben, die wir empfinden, deshalb schieben wir alles vor uns her. Und dann ist es eines Tages zu spät, sie sind weg, verloren, durch unsere eigene Schuld, und wir wissen, daß sie niemals wiederkehren. Johns Augen füllten sich mit Tränen.

Wie um dem Zauber der Szene noch etwas hinzuzufügen, kam eine Schar wunderschöner Vögel von woher auch immer, glitt in sanftem Bogen herunter und begann, die Kugel zu umkreisen. Vielleicht waren sie, wie John, von der himmlischen Musik in ihren Bann gezogen worden.

Auch die Enten schienen von dem seltsamen Klang angezogen zu werden und bildeten im Wasser einen Ring um die Kugel, wobei sie ihre Köpfe auf merkwürdige Art neigten, als ob sie verwirrt oder in einer Art ekstatischer Trance seien.

Nach ungefähr einer Minute wurde die Intensität der Musik schwächer und die Kugel allmählich langsamer, bis sie ganz stehenblieb. Die Vogelschar, wohl an die hundert Tiere, entfernte sich umgehend in einer eigenartigen Flugformation, wie die Vögel auf den Bildern von Hieronymus Bosch.

»Eines Tages«, sagte der Millionär, womit er John aus seiner Träumerei aufrüttelte, »werden Sie ebenfalls in der Lage sein, diese Kugel zum Rotieren zu bringen und damit himmlische Musik zu erzeugen. Wenn Sie es tun, werden Sie über erhebliche Macht verfügen. Denken Sie jedoch daran, diese Macht immer nur für das, was für Sie und andere richtig und gut ist, zu nutzen. Setzen Sie Ihre Macht niemals selbstsüchtig oder zum Schaden anderer ein. Wenn Sie das tun, wird sich das Gesetz von Ursache und Wirkung gegen Sie kehren. Halten Sie immer an der wichtigen goldenen Regel fest: Fügen Sie keinem anderen etwas zu, wovon Sie nicht möchten, daß man es Ihnen antut. Und wenn Sie können, gehen Sie damit noch einen Schritt weiter und treiben Sie es ins Extrem: Tun Sie nichts für sich selbst und alles für die anderen. Diese äußerste Hingabe, von der ich glaube, daß sie das Ziel jeder Existenz ist, wird Ihnen große Macht verleihen. Sie werden als der kleinste, bescheidenste aller Menschen erscheinen, während Sie in Wirklichkeit der größte unter ihnen sind.

Wann immer Sie sich in Zukunft unglücklich fühlen, sollte Ihnen klar sein, daß dem so ist, weil Sie dieses geniale Prinzip vergessen haben und zu Ihren alten, selbstsüchtigen Verhaltensweisen zurückgekehrt sind. Sortieren Sie Ihr altes Selbst aus, wie Sie es im Frühjahr mit einem nutzlosen alten Wintermantel tun würden, und Sie werden bald auf den weißen Sandstränden der Insel der Glückseligkeit wandeln.«

Der Millionär hielt einen Augenblick inne und sagte dann: »Versuchen Sie noch einmal, die Kugel rotieren zu lassen. Ich mache kurz einen Spaziergang, während Sie üben.«

Ohne zu wissen, warum, fühlte sich John leicht betrunken, als hätte der Rosengarten die gleiche Wirkung auf ihn wie die berühmte Insel der Lotosesser in Homers *Odyssee*. Er setzte sich auf eine der Steinbänke, die den Teich einfaßten, und fing an, sich auf die Kugel zu konzentrieren, während der alte Mann langsam den Pfad zum Meer hinunterging.

John konnte noch immer kaum glauben, daß der alte Mann fähig gewesen war, die Kugel einfach nur durch Einsatz seiner Willenskraft zum Rotieren zu bringen. Und doch schien eine entfernte und dunkle Stimme irgendwo in den Tiefen seines Seins, eine Stimme aus seiner allerältesten Vergangenheit, wie eine angenehme Brise zu murmeln, daß all das vielleicht nicht unmöglich war, daß diese Kraft am Ende doch nicht außerhalb der Reichweite seiner Fähigkeiten lag.

Er straffte seinen Rücken, da er einige esoterische Bücher gelesen hatte, aus denen hervorging, daß die Energie eines Menschen besser zirkulierte, wenn das Rückgrat gerade aufgerichtet war, und starrte mit aller Intensität, die er aufbieten konnte, auf die Kugel. Er wußte nicht, wie er vorgehen sollte, deshalb begann er, ihr geistig Befehle zu senden, als ob sie ein lebendes Wesen wäre, ein aufsässiges Haustier, das er abzurichten versuchte. Er wiederholte immer wieder den Gedanken in seinem Kopf: »Kugel, jetzt wirst du anfangen, dich zu drehen!«

Aber die Kugel schien gegen seine Anordnungen unempfindlich zu sein und blieb vollkommen ruhig. John hielt ein paar lange Minuten durch, danach bemächtigte sich die Entmutigung seiner. Er gähnte und rieb sich seine Stirn, als fühle er Kopfschmerzen aufsteigen. Aber dann dachte er, daß sein wirkliches Problem immer ein Mangel an Beharrlichkeit gewesen war. Das Geheimnis des Genies liegt darin, ungeheuer geduldig zu sein, und er neigte immer dazu, zu schnell aufzugeben, vielleicht gerade dann, wenn seine Bemühungen, ohne daß er es jemals erfuhr, gerade von Erfolg gekrönt werden sollten. Also konzentrierte er sich noch einmal, und zu seinem größten Erstaunen geschah es genau dann, daß die Kugel wirklich anfing, sich zu drehen; langsam zuerst, und dann schneller und schneller, bis die himmlische Musik noch einmal erklang.

Er fühlte eine Mischung aus Stolz und Freude bei seinem unerwarteten Erfolg. Wenn er Gegenstände einfach durch den Einsatz seiner Geisteskraft bewegen konnte, was konnte er in Zukunft nicht alles vollbringen? Nichts war für ihn mehr unmöglich. Er würde einen Erfolg nach dem anderen einheimsen.

Glück und Verzückung überwältigten ihn, als ob er plötzlich entdeckt hätte, daß er übermenschliche Kräfte besäße. Er sprang auf die Füße, kletterte auf eine der Steinbänke und begann mit zum Himmel erhobenen Armen einen kleinen Freudentanz. Aber als er herumwirbelte, sah er den Millionär dastehen und ihn beobachten. Die blauen Augen glitzerten metallisch, mit einem spöttischen Schimmer. Johns Seifenblase voller Begeisterung zerplatzte mit einem Knall. Er ließ seine Arme fallen, als ihm klar wurde, daß es der alte Mann und nicht er gewesen war, der die Kugel in Drehung versetzt hatte.

»Übung macht den Meister!« bemerkte der Millionär.

Johns Wangen glühten vor Verlegenheit. Er kletterte von der Bank herunter und stammelte: »Ich ... ich dachte, Sie machen einen Spaziergang ...«

»Wenn Sie wirklich vertrauen«, unterbrach ihn der Millionär, »werden Sie Erfolg haben. Glaube kann Berge versetzen. Unglücklicherweise glauben die meisten Menschen nur, was sie sehen. Um wirklich Erfolg zu haben, brauchen Sie echtes Vertrauen, einen Glauben, der Ihnen zu sehen erlaubt, was Sie erreichen möchten, noch bevor Sie es erreicht haben. Wie ein Bauer, der ein paar Saatkörner in seinen Händen hält und die goldenen Weizenähren sieht, die seine Felder am Ende des Sommers bedecken werden. Wahrer Glaube ist nicht, was die meisten

Menschen denken. Wahrer Glaube ist einfach eine innere Vision großer spiritueller Gesetze. Menschen mit diesem Vertrauen mögen den Anschein haben, nur an etwas zu glauben, aber in Wirklichkeit sehen sie das, was für normale Menschen unsichtbar ist. Das ist ungefähr, wie wenn Sie einem blinden Menschen glaubhaft versichern können, daß es die Rosenbüsche, die Sie um sich herum sehen, wirklich gibt. Alle Millionäre haben diese Art Glauben am Beginn ihrer Karriere, deshalb werden sie so oft beschuldigt, Narren oder Träumer zu sein.«

Sie standen da und beobachteten, wie die Kugel in der Teichmitte langsamer wurde. Als sie vollkommen zur Ruhe gekommen war, fuhr der alte Mann fort:

»Aber Glaube ist nicht alles. Sie brauchen auch Kühnheit. Sie müssen es wagen, Dinge zu vollbringen, die Sie wirklich wollen. Lassen Sie nicht zu, daß Ihre Talente unter Angst begraben werden, wie es bei so vielen Leuten geschieht. Nehmen Sie sich, zum Beispiel. Warum haben Sie Angst, das zu tun, was Sie wirklich tun wollen? – Aber lassen wir das jetzt«, sagte er, bevor John etwas erwidern konnte, »ich möchte Ihnen das Haus zeigen.«

John, immer noch in leichtem Schockzustand nach dem seltsamen Vorgang, dessen Zeuge er gerade geworden war, folgte dem Millionär hinaus aus dem Garten. Als sie an dem verkümmerten Rosenstrauch am Garteneingang vorbeikamen, hielt der Millionär einen Augenblick inne und äußerte mit trauriger Stimme rätselhaft: »Sehen Sie, John, jedesmal, wenn ich an diesem Rosenstrauch vorübergehe, denke ich an Sie …«

Kapitel 10

*In welchem der junge Mann
in Erinnerungen schwelgt*

Als der Abend kam, führte Henry, der Butler, John zu seinem Zimmer. Sie stiegen eine prächtige Treppe hinauf, deren Wände mit Gemälden buchstäblich tapeziert waren. All diese Bilder, außer dem ersten, stellten berühmte Persönlichkeiten dar. Die einzige Ausnahme war offensichtlich das Porträt eines orientalischen Weisen namens Nityananda, eines dünnen, fast ausgemergelten jungen Mannes, der in ein weißes Tuch gehüllt war und aus dessen Blick eine himmlische Sanftheit sprach. Unter dem Gemälde stand zu lesen: »Finde Gott in deinem Herzen.«

Sein direkter Nachbar, Jesus, wies, in eine weiße Tunika gekleidet, zum Himmel und sagte: »Erwachet und betet.« Neben ihm hing der große Philosoph Plato, der die Stufen eines griechischen Tempels erstieg und erklärte: »Kein ernsthafter Mann spricht ernsthaft über ernsthafte Angelegenheiten.« Die Ähnlichkeit zwischen Plato und seinem Nachbarn, Leonardo da Vinci, traf John zum erstenmal und unerwartet. Das Universalgenie der Renaissance behauptete: »Um dein eigener Meister zu sein, mußt du allein sein.«

Es gab eine Reproduktion der Mona Lisa und daneben ein Porträt vom Erfinder des Automobils, Henry Ford, wie er sich an Mitglieder seines Aufsichtsrates wandte, sie mit seinen durchbohrenden Augen anblickte und erklärte: »Alles, was ich tat, tat ich nur, um die Kraft des

Glaubens zu beweisen. Alles, wovon wir glauben, daß wir es vollbringen können, kann vollbracht werden.«

Da war auch ein prächtiges Bildnis des alten Millionärs selbst, der in der Mitte seines Rosengartens stand. Es überraschte nicht, daß seine Worte der Weisheit seine Lieblingsblumen betrafen: »Alles ruht im Herzen der Rose.«

John war überrascht, daß das letzte Bild in dieser Reihe von Berühmtheiten niemand anderen zeigte als Stephen Spielbergs berühmte Figur E.T., die mit großen heimwehkranken Augen ins All starrte, wobei ihr langer, leuchtender Finger zum Himmel deutete, und sagte: »E.T. ruft OM ...« Das Wort *Heim** war absichtlich durch das einsilbige Mantra »OM« ersetzt worden.

Henry verließ John an der Tür zu seinem Zimmer, das sich als riesige Suite entpuppte, doppelt so groß wie sein ganzes Apartment. Schiebetüren öffneten sich auf einen Balkon, und ein kreisrundes Bett beherrschte die Mitte des Raumes. Der Boden war von einem Teppich bedeckt, der so dick war, daß John dachte, wenn er einen Schuh verlöre, bekäme er Schwierigkeiten, ihn wiederzufinden! Zwei Löwenköpfe schienen einen großen schwarzen Kamin zu bewachen, in dem bereits ein Feuer entzündet war.

John ging sofort auf den Balkon mit Aussicht auf den prächtigen Rosengarten, der sich bis zum Strand hinunter ausbreitete. In der ruhigen See spiegelte sich das silberne Licht des Vollmonds. Angeregt durch die milde Meeresbrise, begann John, über die unglaubliche Reise nachzudenken, die er gerade gemacht hatte, die seltsame Philosophielektion vor dem verkümmerten Rosenstrauch, die Ent-

---

*Anm. d. Verlages: In der deutschen Filmversion wurde das englische »E.T. calls home ...« mit »E.T. nach Hause telefonieren« übersetzt. Um die klangliche Ähnlichkeit zwischen *OM* und *home* zu übertragen, wurde hier die Übersetzung »E.T. ruft Heim« gewählt.

deckung der rotierenden Kugel und den Löwen des Millionärs, Horace ...

Seine Gedanken wanderten zu Rachel, und Sorgen ähnlich denen, die er empfand, als sie ihn verließ, begannen ihn zu quälen. Was tat sie in diesem Augenblick? Was war der wirkliche Grund für ihren Ausflug nach Boston? Brauchte sie wirklich Zeit zum Nachdenken, wie sie sagte? Oder versuchte sie, ihn an die lange Leine zu nehmen, ihn auf eine dauernde Trennung vorzubereiten, die sie schon lange geplant hatte?

Er wußte sehr gut, daß die Dinge nicht mehr so waren wie damals, als sie sich kennengelernt hatten. Er dachte an ihren ersten gemeinsamen Abend. Um den einzigen einträglichen Vertrag zu feiern, den er in der Lage gewesen war, an Land zu ziehen, hatte John Rachel, die zu dieser Zeit noch nur seine Assistentin war, ins Plaza Hotel eingeladen.

Das angesehene Hotel auf der Fifth Avenue veranstaltete an diesem Abend eine »Nacht der Erinnerungen«. Zahlreiche ältere Pärchen waren erschienen, um die Vergangenheit lebendig werden zu lassen und der Musik aus den vierziger Jahren zu lauschen, die von einer sehr talentierten Band mit einer kleinen Bläsertruppe gespielt wurde.

Rachel tanzte gerne. Ihren Füßen schienen Flügel zu wachsen, und ihr ganzer Körper erwachte zum Leben, wann immer sie die ersten Töne eines Stückes hörte, das sie mochte. Sie hatte eine besondere Vorliebe für die Musik dieser Epoche, was ein glückliches Zusammentreffen war.

Als die Band die ersten Takte von Nat King Coles »Unforgettable« spielte, wurden in Rachel eine Reihe von Erinnerungen wach, die das Lied aus ihrem Schlaf weckte. Es war das Lieblingsstück ihrer Eltern gewesen, die sich immer sehr nahegestanden hatten. Rachel wußte den Text auswendig.

»Sollen wir tanzen?« fragte John.

Er war nie ein besonders guter Tänzer gewesen, aber der Champagner half – er hatte an Essen und Trinken nicht gespart, da er Rachel beeindrucken und ihr gleichzeitig für die wichtige Rolle danken wollte, die sie beim Abschluß des Vertrags gespielt hatte. So schaffte er es, seine fixe Idee, daß er ungeschickt sei, zu vergessen. Diese beutelte ihn sonst immer dann besonders, wenn er mit einer großen Frau tanzte, zumal mit einer, die so atemberaubend war wie Rachel. Sie steuerten die Tanzfläche an.

Ganz sicher waren zwischen ihnen ungewöhnliche Kräfte am Werk, eine Art tiefer Harmonie, trotz ihres Größenunterschieds, der ganz besonders auffiel, da Rachel hohe Absätze trug. Sie waren ein wundervolles Paar. Auf jeden Fall blieben sie auf der Tanzfläche nicht unbemerkt, da sie dort bei weitem die Jüngsten waren. Die meisten anderen hatten bereits das Rentenalter erreicht.

»Sind sie nicht alle bezaubernd?« fragte Rachel, die eine Schwäche für ältere Paare hatte.

»Ja.«

»Schau nur diese beiden«, sagte sie und lenkte Johns Aufmerksamkeit auf ein Paar, das mindestens in den Siebzigern war, möglicherweise sogar in den Achtzigern, sich aber noch sehr elegant zusammen bewegte. Das Paar tanzte Wange an Wange wie die Turteltauben. »Sie sehen aus, als seien sie frisch verliebt.«

»Du hast recht, sie sind liebenswert«, bestätigte John, der nun auch sentimental wurde, als er über seine eigenen Eltern nachsann.

Da er so wenig Erfahrung im Tanzen hatte, mußte er sich anstrengen, um nicht allzu ungeschickt zu erscheinen. Gleichzeitig fand er Rachels Duft und die schlichte Tatsache, sie in seinen Armen zu halten, den Druck ihres Körpers zum erstenmal gegen den seinen zu spüren, äußerst verwirrend.

Er hatte oft daran gedacht, sie auf einen Kinobesuch (ihr bevorzugter Zeitvertreib) oder einen Drink nach der Arbeit einzuladen. Tatsächlich hatte er sich schon an dem Tag, an dem er sie eingestellt hatte, wahnsinnig in sie verliebt. Er hatte sich jedoch immer zurückgehalten, weil er dachte, es sei besser, keine zu enge Beziehung mit seiner Assistentin einzugehen. Immerhin wäre es ein Fehler, sich mit einer Angestellten einzulassen, oder nicht? Und wie stand es mit ihren Gefühlen ihm gegenüber? Könnten sie weiter zusammenarbeiten, wenn sie nicht genauso empfand? Würde eine Liebeserklärung nicht eine höchst peinliche Situation für sie beide entstehen lassen? War es das Risiko wert, eine wertvolle Hilfe wie sie zu verlieren?

Und doch hatte er bei einer Reihe von Gelegenheiten Rachel dabei ertappt, wie sie ihn auf eine Art und Weise ansah, die ein gewisses Gefühl verriet oder zumindest einiges Interesse von ihrer Seite. Aber konnte er sich dessen sicher sein? Schließlich hatte seine Unentschlossenheit ihn nicht daran gehindert, etwas Romantisches, wenn nicht gar völlig Unlogisches zu tun: Er ging los und kaufte bei Tiffany's, dem berühmten Juwelier auf der Fifth Avenue, einen Verlobungsring, überzeugt, daß ihm diese Geste Glück bringen würde.

Rachel schmiegte sich enger an ihn, als ob sie seine Qual spürte oder selbst aufgewühlt wäre. Er hielt sie sehr taktvoll auf Armeslänge, und für einen Augenblick schauten sie einander in die Augen. John fühlte, daß es kein Zurück gab, daß in Rachels Blick ein Versprechen lag, ein Bekenntnis ihrer Liebe zu ihm.

Als schließlich das Ende des Abends kam, hatte er sie weder geküßt noch ihr seine Liebe erklärt. Sie wohnte in Brooklyn wie er, ein Zufall, den John als einen weiteren Fingerzeig des Schicksals deutete. Als sie das Hotel verließen, hörten sie Donnergrollen, doch John entschied sich, das Verdeck seines Cabrios nicht zu schließen, da er glaubte, er hätte genug Zeit, Rachel heimzufahren, ehe der Sturm losbrach.

Er irrte sich. Sie waren kaum losgefahren, als der Sturm – oder das Schicksal – zuschlug.

John fuhr eilig an den Straßenrand und versuchte, das Verdeck zuzumachen, aber es hatte sich verhakt. Als er endlich die Halterung befestigen konnte, waren er und Rachel bis auf die Haut durchnäßt. Rachel schien das nicht zu kümmern. Das Haar klebte ihr auf der Stirn, und sie fing sogar an zu lachen, als ob sie den ganzen Zwischenfall höchst amüsant fände. Alle paar Sekunden rollten Donnerschläge über ihre Köpfe hinweg, und John sagte aus einem Gefühl der Sicherheit heraus: »Das kann gefährlich werden. Gehen wir zu mir, das ist nur ein paar Blocks von hier. Wenn der Sturm vorbei ist, fahre ich dich heim.«

Sie hatte nichts dagegen. Er fuhr nach Hause, und sie beeilten sich, in sein Apartment zu kommen, wo sie sich, so gut es ging, abtrockneten. John bemerkte, daß Rachels Wimperntusche sich auflöste und ihr übers Gesicht lief. Er begann zu lachen.

»Was ist so lustig?« fragte sie.

»Oh, nichts, es sind nur deine Augen – eigentlich deine Wangen ...«

Sie schaute sich nach einem Spiegel um und fand einen im Wohnzimmer hängen. Im Angesicht ihres Spiegelbildes dachte sie, daß sie einen traurigen Anblick bot.

»Warte«, bat John und kam mit einem Taschentuch herüber. Er begann, ihr die Augen abzuwischen, wobei ihn der Duft ihres Parfüms, den der Regen noch verstärkt hatte, wieder ziemlich durcheinanderbrachte. Danach geschah alles sehr schnell.

Schwungvoll entledigte sich Rachel ihrer hochhackigen Schuhe. Sie hatte es ohnehin den ganzen Abend bereut, sie zu tragen.

Jetzt, da sie ein paar Zentimeter kleiner war und sicher sein konnte, daß der Unterschied John mit Zutrauen erfüllen würde, nahm sie seine Hand, wie um ihm zu sagen, daß sie sich wenig um ihre Wimperntusche kümmerte und daß die Zeit gekommen war, sich ernsthafteren Angelegenheiten zu widmen. Forschend blickte sie in seine Augen.

John verstand, daß er die bestmögliche Gelegenheit verpassen würde, das Eis zwischen ihnen zu brechen, wenn er sie nicht hier und jetzt küßte. Der Zauber des Abends, den sie gerade miteinander verbracht hatten, würde sich niemals wiederholen. Rachel mochte denken, daß er nichts für sie empfand, und würde beginnen, sich nach einem anderen Mann umzuschauen. Er hörte auf zu grübeln und weigerte sich zuzulassen, daß ihn seine Zweifel weiter belästigten.

Draußen hallte ein gewaltiger Donnerschlag. Plötzlich fiel der Strom aus, und das Apartment war in Dunkelheit getaucht. Rachel schrie vor Angst auf. John drückte sie an sich, und dann, endlich, wagte er es, sie zum erstenmal zu küssen. Nachdem sie sich ihrer durchnäßten Kleider entledigt hatten, lagen sie sich bald auf dem Boden in den Armen. Ihre Vereinigung berührte beide so tief, daß sie Freudentränen weinten, als ob sie sich nach langer Trennung wiedergefunden hätten.

Nachdem sie sich geliebt hatten, lagen sie lange Zeit aneinandergeschmiegt, vereint in einem überwältigenden, fast andächtigen Gefühl. Schweigend streichelten sie einander zärtlich über Gesicht, Haut und Haar. Aber ihrer Verzückung wurde schlagartig ein Ende gesetzt, als der Strom plötzlich wiederkam und Licht das Apartment durchflutete.

Sie brachen beide in Gelächter aus, und ihr Lachen schwoll an, bis sie umhertollten wie die Kinder. Als der Augenblick schließlich verklang, sprang John auf seine Füße, erfüllt von neuer Energie.

»Ich habe Hunger«, erklärte er.

Zum erstenmal seit langer Zeit sah er glücklich aus. Er verschwand in der Küche, immer noch vollkommen nackt, während Rachels Blick bewundernd den Linien seines Körpers folgte.

Sie fühlte sich ebenfalls aufgeladen von ihrem Liebesakt. Sie stand auf und schaute sich um.

Ihre Entdeckungsreise führte sie zu einer Holzkommode, die neben dem Eingang stand. Darauf lagen ein paar Sachen: Johns Schlüssel, ein Stapel ungeöffneter Post, einige Büroordner und eine Reihe hübscher Dekostücke. Dazwischen entdeckte sie eine kleine Schachtel von Tiffany's. Sie fühlte eine Art Schock. Es war, als ob sie bereits wüßte, was die Schachtel enthielt. Sie öffnete sie eilig, um zu sehen, ob ihre Eingebung richtig war. Sie war es.

Der Verlobungsring raubte ihr schlichtweg den Atem. ›Von Tiffany's!‹ dachte sie, von Rührung überwältigt. ›Er ist verrückt. Er muß ein Vermögen dafür bezahlt haben! Bedeutet das, daß er mich ohne Vorbehalt liebt?‹

John kam aus der Küche zurück, wo er nichts zu essen gefunden hatte, und überraschte sie mit der Schachtel in der Hand. Verlegen hüstelte er dezent, damit Rachel wußte, daß er da war.

Schnell schloß sie die Schachtel und entfernte sich ein paar Schritte. Vor einem Kunstdruck blieb sie stehen und gab vor, daß dieser sie interessierte. Immer noch nackt ging John auf sie zu und nahm sie in seine Arme. Er küßte sie auf die Wange und sagte:»In diesem verdammten Haushalt gibt es absolut nichts zu essen. Ich kann etwas bestellen. Was möchtest du?«

»Was ich wirklich essen möchte?« fragte sie zweideutig, senkte ihren Blick und betrachtete John.

»Ja, was du *wirklich* essen möchtest.«

Sie legte eine Pause ein, um die Wirkung ihres kleinen Spiels zu erhöhen, machte einen schelmischen Schmollmund und erwiderte schließlich: »Ein großes Pastrami-Sandwich.«

Die Erinnerung an diese Szene verfolgte John eine ganze Weile. Wie einfach die Dinge damals waren, und das vor noch eigentlich gar nicht so langer Zeit! Was war geschehen? Warum hatte er Rachel noch immer keinen Heiratsantrag gemacht? Warum hatte er ihr den Ring noch nicht geschenkt, den er für so teures Geld gekauft hatte und den sie aus Taktgefühl niemals erwähnte?

Er verließ den Balkon und kehrte in sein Zimmer zurück. Als er das Telefon sah, entschloß er sich, Rachel anzurufen. Wer weiß, vielleicht war sie früher als geplant zurückgekommen, hatte ihren Aufenthalt in Boston abgekürzt. Er ließ es einige Male klingeln, aber dann schaltete sich der Anrufbeantworter ein. Andächtig lauschte er der Ansage. Wie hinreißend ihre Stimme war, so warm und heiter. Er legte auf, ohne eine Nachricht zu hinterlassen.

KAPITEL 11

*In welchem der junge Mann
die geheime Bedeutung des Lebens kennenlernt*

Am nächsten Tag erwachte John um sieben Uhr. Licht durchflutete sein Zimmer, und die Luft duftete nach einem Rosenbukett. Er konnte sich nicht erinnern, es am Abend zuvor gesehen zu haben. Vermutlich hatte es jemand, ohne daß er es bemerkte, während der Nacht oder in den frühen Morgenstunden gebracht. Schnell ging er unter die Dusche, kleidete sich an und ging hinunter ins Eßzimmer, wo bereits der Tisch gedeckt war. Goldschimmernde Teller, Schüsseln und Besteck unterstrichen das makellose Weiß des Tischtuchs.

John wagte nicht, sich gleich hinzusetzen. Er entdeckte eine kleine Glocke auf dem Tisch, läutete und wartete. Aber niemand erschien, was er seltsam fand, da am Abend zuvor eine ganze Reihe Diener geschäftig im Haus herumgeschwirrt war. Er läutete nochmals, ohne Erfolg, und entschied sich dann, allein anzufangen, da er einen Mordshunger hatte und eine Schachtel Getreideflocken auf dem Tisch stand.

Sobald er sich hinsetzte, erklang zu seiner Überraschung wundervolle klassische Musik. Es wurde Bachs Ouvertüre in C-Dur gespielt. Die Musik hallte an den goldgetäfelten Wänden wider. Erstaunt sprang er auf, und die Musik brach ab.

Er untersuchte den Stuhl, der eigentlich ein kleiner Sessel war, und drückte auf das Sitzkissen. Die Musik begann von neuem. John lächelte und bewunderte des Millionärs unverhohlenen Hang zum Luxus.

Er setzte sich wieder hin, bezaubert von der Melodie des Bachkonzerts, und bediente sich selbst mit einer großzügigen Portion Getreideflocken in Milch. In dem Moment, als er den erlesenen goldenen Löffel hob, hörte er ein eigenartig plätscherndes Geräusch.

Verblüfft sah er den Löffel an und fragte sich, ob auch dieser mit einem geheimen Mechanismus ausgestattet war wie der Stuhl. Aber alles, was er sah, war die verzerrte Spiegelung seiner Nasenflügel. Er legte den Löffel zurück auf den Tisch und war verwundert, als das Plätschern aufhörte. Aber dann ging es erneut los, und John entdeckte endlich, von wo es kam, als er sich nach links hinunterbeugte.

Unter dem Tisch sah er ein wunderschönes kleines Löwenbaby, das Milch aus einer großen goldenen Schüssel schlabberte. Das kleine Tier hatte ganz weiße Schnurrhaare und trug eine rote Strickjacke. Sein zuckender Schwanz wedelte freudig herum, und es wirkte wie das glücklichste kleine Tier auf der ganzen Welt.

John erfreute sich einen Augenblick an diesem Bild, dann schlang er hastig sein Müsli hinunter, in der Hoffnung, daß der Vater des Jungen nicht auftauchen würde. Dann nahm er Abschied von dem kleinen Raubtier und ging hinaus in den Garten, wo er den alten Millionär zu finden hoffte.

»Warum tun Sie nicht, was Sie wirklich tun wollen? Was hält Sie zurück?« Der alte Mann war tatsächlich im Rosengarten, wo er fast jeden Morgen verbrachte. Er nahm Johns Folter, die er am Tag zuvor begonnen hatte, wieder auf, ohne sich mit langen Vorreden aufzuhalten.

Die Frage wurde ohne Feindseligkeit gestellt, ohne jede Spur von Ironie, aber mit der Autorität, die bei dem alten Mann einfach eine Form der Zuneigung war. Die unerwartet ernste Frage summte in Johns Gehirn. Warum tat er nicht, was er wirklich tun wollte? Warum hatte er seine Talente vergraben, anstatt sie zum Blühen zu bringen?

»Haben Sie vor etwas Angst?«

»Nein. Nun ... ja, vielleicht ein wenig ... denn mein Traum, das, was ich wirklich tun will, ist ...« Er zögerte, aber endlich platzte es aus ihm heraus. »Was ich wirklich tun will, ist ein Drehbuch schreiben, ein Drehbuch für einen großen Film. Aber ich weiß nicht, ob ich damit Geld verdienen kann. Es ist nicht leicht ... Ich kenne niemanden in diesem Geschäft, und ich habe niemals zuvor ein Drehbuch geschrieben ...«

»Denken Sie, es wäre schwieriger, als auf den Mond zu fliegen?«

»Nein, ich ...«

»Sie können mit allem Geld verdienen. Es gibt Tausende von Beispielen, die dieses Gesetz bestätigen. Sie müssen nur wagen, Sie selbst zu sein und auf Ihre innere Stimme zu hören. Weil jeder Mensch aus einem bestimmten Grund hier auf der Erde ist. Aber wenn ich sage ›bestimmt‹, dann meine ich nicht, daß jeder ein Bewußtsein dafür hat, wie dieser Grund lautet. Wie bewußt sich ein Mensch dieses Grundes ist, steht eigentlich in direktem Zusammenhang damit, wie weit sich seine Seele entwickelt hat. Je älter eine wiedergeborene Seele ist, desto genauer ist ihre Erinnerung daran, welches Ziel sie auf der Erde verfolgen muß. Das ist einer der Gründe, weshalb so viele Wunderkinder und Genies, deren Seelen alle weit auf dem Pfad fortgeschritten sind, oft äußerst frühreif sind und ab einem Alter von vier oder fünf Jahren eine sehr genaue Idee von dem haben, was sie im Leben machen möchten. Den meisten Menschen offenbart sich der Plan im allgemeinen viel später. Es ist jedoch beruhigend, zu wissen, daß wir stets unter Bedingungen leben und Situationen ausgesetzt werden, die der Verwirklichung unserer Ziele dienlich sind. Das liegt daran, daß der Plan unseres Lebens von unseren Seelen und deren Führern vor der Wiedergeburt festgelegt wird. Sogar die Hindernisse, denen wir auf dem Weg begegnen, Personen, die anscheinend unser Leben erschweren und unsere Pläne durchkreuzen, sind in Wahrheit dazu da, uns zu unterstützen. Sie helfen, den Charakter zu formen, unser Vertrauen zu festigen und unsere Beharrlichkeit zu prüfen. Weil das Leben nichts anderes ist als ein riesiger Tempel, eine Art Einweihungsritual, in dem alle Seelen einander Lehrer sind.

Weniger entwickelte Seelen, noch gefangen in der Verworrenheit der äußeren Welt, müssen sich selbst erforschen und aufrichtig um Hilfe bitten, denn es steht geschrieben: ›Bitte, und so wird dir gegeben, klopfe an, und so wird dir aufgetan.‹ Es geschieht oft, daß eine Seele in einem Augenblick der Not von ihrem eigenen inneren Licht erhellt wird, indem sie plötzlich die tiefgreifende Vollkommenheit ihrer Situation versteht, daß bereits Hilfe naht, unaufdringlich und geheimnisvoll ... daß Hilfe immer dagewesen ist. Nur waren wir uns ihrer nicht bewußt, weil unsere Führer im allgemeinen auf eine Weise arbeiten, die außerhalb unserer Vorstellungskraft liegt. Was uns als schreckliche Prüfung des Schicksals erscheint, ist oft der schnellste Weg – manchmal der einzige Weg in der uns zugestandenen Zeit – unsere Entwicklung zu fördern, unseren Charakter zu verfeinern, bis er erneut das wird, was er immer gewesen ist, ein unzerstörbarer Diamant, der leuchtet wie das Licht von tausend Sonnen. Nehmen Sie zum Beispiel sich selbst. Wer, denken Sie, sind Sie? Wo würden Sie sich selbst plazieren auf der Skala der Seelen?«

»Ich weiß, was ich will, aber ich ...«

»Intuitiv zu wissen, was man will, diese innere Überzeugung zu haben, das ist bereits ein wichtiger Schritt. Aber nun, wenn Sie Ihr Schicksal erfüllen wollen, müssen Sie Wagemut beweisen. Sie müssen die Kühnheit haben, zu werden, wer Sie sind. Denn das kann niemand anders für Sie tun. Und wenn Sie es nicht machen – dabei spielt es keine Rolle, wieviel materiellen Besitz Sie anhäufen, keine Rolle, wie erfolgreich Sie nach außen hin sind – werden Sie immer von einem Gefühl des Versagens verfolgt werden. Es wird Ihr ganzes Leben lang an Ihnen nagen, und genauso sicher, wie Krebs einen Körper zerstört, wird es jede Freude, die Sie haben, vernichten.«

John lauschte aufmerksam. Niemand hatte je zuvor so zu ihm gesprochen. Die Worte des Millionärs schienen von sehr weit her zu kommen, von dort, wo seine eigene Seele war. Wie konnte es sein, daß der alte Mann ihn mit solch beunruhigender Hellsicht durchschauen konnte?

Der Millionär fuhr fort.

»In Ihrem Lebensplan steht nicht, daß Sie einfach Drehbücher schreiben sollen. Das wäre ein nichtiges Unterfangen. Was Sie schreiben, muß enthüllen, worin die Bedeutung des Menschseins liegt. Sie müssen zeigen, wie Menschen ihre wahre Größe erreichen, wie sie ihren verlorenen Adel zurückgewinnen und wie sie, die zu Schafen wurden, wieder Löwen werden können.

Zeigen Sie, daß der Schöpfer in allem und jedem von uns wohnt und daß immer, wenn wir das vergessen, immer, wenn wir unser Leben und das unserer Mitmenschen in einem anderen Licht sehen, wir unser eigenes Unglück schaffen.

Zeigen Sie, daß wir durch stetes Streben nach einem Ideal von Vollkommenheit und Größe, von Licht und Liebe unser Schicksal erfüllen können, uns umgeben können mit der Art von Energie, die uns jung, schön, strahlend erhält und uns die wundersame Tür zu jeder Erfüllung öffnet.

Zeigen Sie den Menschen, daß sie ein vollkommenes Leben leben können, ein Leben im Überfluß, wo alles zur rechten Zeit und am rechten Ort geschieht, wo der Becher ewigen Weines immer voll ist und sein Inhalt selbst durch einen noch so gierigen Mund nicht abnimmt, geschweige denn geleert werden kann.

Bei vielen Gelegenheiten werden Sie verleitet werden, von Ihrem Pfad abzuweichen, weil es manchmal sehr schwierig ist, seinen Lebensplan einzuhalten. Aber wenn Sie das nicht tun, werden Sie nicht glücklich. Deshalb kehren Sie mutig wieder zurück. Und jedes Mal, wenn Sie unglücklich sind, erinnern Sie sich selbst daran, daß es möglicherweise ein Zeichen dafür ist, daß Sie sich von Ihrem Ziel entfernt haben.

Schauen Sie in sich hinein, bitten Sie die Ihnen innewohnende Weisheit und Ihre Führer um Rat, und warten Sie dann auf eine Antwort. In der Zwischenzeit tun Sie einem anderen Menschen etwas Gutes, helfen Sie jemandem. Auf diese Weise werden Sie Verdienst ansammeln und für Ihr eigenes zukünftiges Glück vorsorgen, genauso sicher, wie ein Bauer sein Korn im Sommer für die langen Wintermonate speichert. Und denken Sie daran, daß der größte, ja der höchste Dienst, den Sie den Menschen erweisen können, ist, andere zu lehren, die Wahrheit zu entdecken. Das ist das einzige, was Sie frei und glücklich machen kann.«

Henry, der Butler, kam zu ihnen und erkundigte sich, ob sie Mittagessen wünschten.

»Wir werden zum Abschied ein Glas Wein miteinander trinken, mein lieber Henry«, teilte ihm der Millionär mit.

»Sehr wohl, Sir«, erwiderte Henry und zog sich zurück.

An diesen Worten erkannte John, nicht ohne Bedauern, daß sein wundersamer Besuch bei dem alten Mann zu Ende ging. Er hatte jedoch keinen Grund, sich zu beklagen, ja er hatte das Gefühl, die Großzügigkeit seines Gastgebers schon weidlich ausgenutzt zu haben.

Dann bat ihn der Millionär, ihm seine Handfläche zu zeigen. Verwirrt gehorchte John, der dem alten Mann nicht zu widersprechen wagte, und hielt ihm seine rechte Hand hin.

»Nein, Ihre linke Hand«, bat der Millionär. Er studierte Johns Handfläche aufmerksam, bevor er sie losließ. Dann, nach einem Augenblick des Schweigens, als bemühe er sich, die Zeichen auszulegen, die er gerade in der Hand des jungen Mannes gelesen hatte, verkündete er: »Es wird Zeit brauchen, eine Menge Zeit, bevor Sie Ihre Ziele erkennen.«

»Warum?« fragte John mit Entmutigung in der Stimme.

»Weil es Ihrem Wesen noch an Disziplin mangelt.«

»Gibt es keinen Weg, die Dinge zu beschleunigen?« hakte der junge Mann nach, indem er versuchte, nüchtern an die Sache heranzugehen.

»Doch, aber das kostet seinen Preis.«

»Ich bin bereit, jeden Preis zu zahlen.«

Der Millionär gab ein eigenartiges Lachen von sich.

»Sie reden, ohne nachzudenken. Wenn Sie wüßten, was der Preis ist, wären Sie nicht so schnell mit Ihrer Entscheidung.«

»Dann sagen Sie es mir.«

»Das kann ich Ihnen nicht verraten. Sie werden herausfinden, wie hoch der Preis ist, wenn die Zeit gekommen ist. Das ist eine Regel, die ich nicht umgehen kann. Aber ich kann etwas für Sie tun, wenn Sie die Dinge *wirklich* beschleunigen möchten ...«

Nach einem Moment des Zögerns sagte John mit fiebriger Stimme, unfähig, die Folgen der Aussage abzuschätzen, die er nun machte: »Ich will es wirklich.«

Der Millionär zog die Bitte einen Augenblick in Erwägung, wie um die Ernsthaftigkeit in Johns Wunsch auszuloten. Dann, offensichtlich zufrieden, läutete er nach dem Diener und sagte einfach: »Ich werde sehen, was ich tun kann.«

Er ging einige Schritte zu einem Steintisch, den John zuvor nicht bemerkt hatte. Kurz nachdem die beiden Männer Platz genommen hatten, kehrte Henry mit einer Weinkaraffe zurück, die aus Gold geformt und mit Edelsteinen übersät war, und zwei goldenen Weingläsern, die wie antike Kelche aussahen. Er stellte die Gläser auf den Tisch und füllte sie mit Wein.

»Lassen Sie uns trinken«, forderte ihn der Millionär auf.

Die beiden Männer leerten ihre Gläser. Dann stand der alte Mann auf, und John verstand, daß die Zeit für seinen Abschied gekommen war.

»Wann werden wir uns wiedersehen?«

»Zur rechten Zeit«, antwortete der Millionär mit einem Lächeln. »Henry, Sie können gehen.«

Einige Minuten später stand John mit der Holzkiste, die das alte Radio enthielt, das ihm der Millionär am Abend zuvor geschenkt hatte, neben seinem Mentor abfahrbereit auf der Eingangstreppe des Herrenhauses. Edgar fuhr in der Limousine vor, öffnete den hinteren Wagenschlag und wartete. Bevor John einstieg, schüttelte er die Hand des Millionärs und dankte ihm für alles, was er für ihn getan hatte. Der alte Mann, der niemals etwas so zu tun schien wie jeder andere, ergriff Johns Hand mit beiden Händen und hielt sie sehr lange Zeit. Er forschte mit seinem tiefen, unergründlichen und ungeheuer leuchtenden Blick in Johns Augen und sagte, kurz bevor er seine Hand losließ, mit ernster Stimme, als ob er ein letztes Lebewohl aussprechen wollte: »Sie werden Erfolg haben. Geben Sie nie auf. Niemals. Nie.«

Kapitel 12

In welchem sich das Schicksal des jungen Mannes erfüllt

John kletterte auf den Rücksitz der Limousine. Bei der Abfahrt warf er einen Blick zurück auf den alten Millionär, der auf den Stufen seines Hauses stand, winkte und wehmütig lächelte, als ob er seinen eigenen Sohn verabschiedete. Als der alte Mann außer Sicht war, bewunderte John ein letztes Mal die Schönheit des Besitzes seines Gastgebers.

Als sie auf das vordere Tor zufuhren, sah er Horace langsam über ein Feld schreiten; das kleine Löwenjunge tollte hinter ihm her. Er sah auch eine Löwin, vermutlich die Mutter des Jungen, die vervollständigte, was wie eine perfekte Familie erschien.

Er drehte das Fenster herunter, und der Wind zauste sein Haar. Die alte Holzkiste lag auf seinen Knien. Durch seinen Aufenthalt im Hause des Millionärs und dessen Versicherung, daß er Erfolg haben und ein Drehbuchautor werden würde, spürte er mächtigen Auftrieb.

Und er rief sich wieder in Erinnerung, was ihm der Millionär über die Kiste und das darin enthaltene Radio gesagt hatte: »Alles, was der menschliche Geist ersinnen und woran er glauben kann, kann auch vollbracht werden.« Also, sagte John zu sich selbst, wenn ich wirklich glaube, daß ich Drehbuchautor werden und meine Manuskripte verkaufen kann, werde ich es tun, und nichts kann mich aufhalten.

Kurz darauf setzte ihn der Chauffeur bei seinem Apartment ab. Im Vergleich zu dem Herrenhaus, in dem er gerade geweilt hatte, wirkte sein eigenes Heim ziemlich schäbig. John kam nicht umhin zu denken, daß, wenn wahr werden würde, was ihm der Millionär prophezeit hatte, auch er eines Tages in einem feudalen Herrenhaus wohnen könnte.

Er stellte die Holzkiste auf die Kommode am Eingang. Dabei bemerkte er eine Stange seiner Lieblingszigaretten, und ihm fiel plötzlich auf, daß er seit Stunden nicht geraucht, ja nicht einmal ans Rauchen gedacht hatte. Erstaunlich! dachte er.

Er rief Rachel an, doch sie war noch nicht zurück. Erst am folgenden Tag, als er sein Büro betrat, fand er sie, bereits bei der Arbeit. Er war überglücklich, sie zu sehen, aber immer noch ein wenig besorgt, wenn er daran dachte, was sie auf ihrer Reise entschieden haben mochte. Wollte sie, daß sie sich trennten? Oder war sie bereit, ihm eine zweite Chance zu geben, auch wenn sie seit einiger Zeit miteinander Schwierigkeiten hatten?

Sie erhob sich, um ihn zu begrüßen, und er schlang seine Arme um ihren Hals, hielt sie dicht an sich gepreßt, enger als er sie je zuvor gehalten hatte, bis er sie fast erstickte. Großes Verlangen bemächtigte sich seiner, ihr zu sagen, wie sehr er sie liebte, daß er niemals eine andere Frau so geliebt hatte. Doch er scheute davor zurück in einer Art abergläubischer Furcht, daß er alles kaputt machen würde, wenn er seine Leidenschaft erklärte.

»Ich habe dich so sehr vermißt«, sagte er.

»Ich dich auch.«

»Es kommt mir vor, als wären Jahrhunderte vergangen, seit du weggingst.«

»Meinst du, ich sehe älter aus?« witzelte sie und strich sich mit einer Hand über die Wange, als ob die Zeit auf ihrer seidigen Haut Spuren hinterlassen hätte.

»Nein«, widersprach er, »und ich werde es dir beweisen.«

Er eilte hinüber zur Tür und hängte ein »Zurück in fünf Minuten«-Schild, das er manchmal benutzte, wenn er kurz wegmußte, an den Türgriff.

»Fünf Jahrhunderte oder fünf Minuten?« neckte ihn Rachel wieder, als John sie auf ihren Schreibtisch hinunterdrückte, den sie noch nicht einmal hatte frei räumen können. Das Telefon läutete ausgerechnet in dem Moment, als sie ineinander verschmolzen waren, hinweggefegt von den Flammen ihrer Leidenschaft.

»Agentur Blake«, antwortete Rachel und tat ihr Bestes, ihren heftig gehenden Atem unter Kontrolle zu bekommen. »Ja. Nein, ich bin gerade ein paar Treppen hochgelaufen. Danke, kein Problem, mein Herz ist noch in guter Verfassung. Nein, er ist gerade eben mit einem Kunden beschäftigt. Aber ich glaube nicht, daß es ein Problem sein wird. Wenn Sie einen Augenblick warten würden; ich werfe einen Blick in seinen Terminkalender.«

Sie legte eine Hand über die Sprechmuschel und gab vor, einen nicht vorhandenen Kalender zu Rate zu ziehen. Nach einer angemessenen Pause sagte sie: »Nein, er ist frei. Kein Problem. Oh ja, er hat gegenwärtig viel zu tun. Aber ich bin sicher, daß er sich etwas genauso Brillantes einfallen lassen wird wie letztes Mal. Ich werde es ihm sagen, sobald er zurückkommt ... ich meine, sobald er aus seiner Besprechung kommt.«

Sie hängte auf und prustete los, ebenso wie John. Dann seufzte sie und sagte, während sie mit einer Hand durch sein Haar strich: »Das ist viel besser als eine Tasse Kaffee am Morgen, um mich aufzuwecken!«

»Das ist es ganz bestimmt.«

»Das war Mr. Rogers. Erinnerst du dich an ihn?«

»Klar, unser einziger zahlender Kunde.«

»Er möchte, daß du heute nachmittag in seinem Büro vorbeischaust. Es klang wichtig.«

»Großartig! Ich wußte, die Dinge würden ins Laufen kommen.«

Rachel warf John einen erstaunten Blick zu.

»Ich habe den alten Millionär getroffen, als du fort warst. Er sagte mir, daß ich Erfolg haben würde, daß ich den Traum, von dem ich dir erzählt habe, wahr werden lassen könnte.«

»Ein Drehbuch zu schreiben?«

»Genau.«

»Ich wußte es. Ich habe es dir gesagt, aber du hast mir nicht geglaubt.«

»Das ist wahr ... ich ... Aber nun weiß ich, daß es möglich ist. Ich weiß sogar, worüber ich schreiben werde. Ich werde den Leuten einfach die Geschichte erzählen, wie ich den alten Millionär kennengelernt habe. Er ist ein einzigartiger Mensch, ein richtiger Zauberer. Ich werde meine Zeit aufteilen. Ein paar Tage in der Woche verbringe ich mit Schreiben, und den Rest der Zeit widme ich der Agentur.«

»Klingt nach einer großartigen Idee.«

Rachel schaute John liebevoll an. Sie war so froh, ihn zum erstenmal, seit sein Vater gestorben war, wieder so glücklich zu sehen. Ihr kleiner Ausflug hatte sich schließlich als gute Idee herausgestellt. Johns scheinbar schwindende Leidenschaft war durch die Trennung wieder angefacht. Sie war sicher, es würde nun nicht mehr lange dauern, bis er mit der alles entscheidenden Frage herausplatzen und ihr den prächtigen Verlobungsring schenken würde, den sie in ihrer ersten gemeinsamen Nacht in seinem Apartment entdeckt hatte.

Als sie ihre Jacke zuknöpfte, wurde Rachel plötzlich blaß und fiel auf den nächsten Stuhl.

»Fühlst du dich nicht wohl?« fragte John.

»Gut, daß wir nur fünf Minuten hatten. Du hast mich fast umgebracht.«

»Nein, ernsthaft, bist du okay?«

»Es ist nichts«, wehrte sie ziemlich verlegen ab. »Ich habe heute morgen nicht gefrühstückt; ich brauche wohl etwas Zucker oder so. Ich glaube, ich habe Unterzucker. Das hat mir meine Freundin in Boston gesagt...«

»Bleib sitzen. Ich hole dir einen Saft«, sagte John, als er zur Tür hinausspurtete.

Nachdem er schnell in den Laden an der Ecke gesaust war, eilte John mit Saft und ein paar süßen Rosinenbrötchen zurück in die Agentur und zwang Rachel zu essen. Sie war erfreut über die Aufmerksamkeit, die er ihr zukommen ließ, und darüber, daß er sich wirklich um sie zu sorgen schien. Nachdem sie ein paar Bissen zu sich genommen hatte, fühlte sie sich viel besser und lächelte.

»Du mußt dich besser um dich kümmern.«

»Ich weiß«, bestätigte Rachel.

Es herrschte ein kurzes Schweigen. John unterbrach es, indem er feststellte: »Ich glaube, wir sollten uns unterhalten.«

»Sicher«, sagte Rachel, »ich ...«

»Vielleicht könnten wir morgen abend ... Du könntest zum Abendessen rüberkommen, wenn du möchtest ...«

»In Ordnung«, war alles, was Rachel erwiderte, wobei diese zwei schlichten Worte mit Gefühl geladen waren.

An diesem Nachmittag mußte John rennen, um ein Taxi zu bekommen, das ihn zu seinem Treffen mit Mr. Rogers bringen sollte, dem Kunden, der ihn am Morgen angerufen hatte. Da fiel er glatt auf die Nase.

Er dachte, er müsse über irgend etwas gestolpert sein oder einen seiner Schnürsenkel nicht zugebunden haben, aber nach eingehender Überprüfung erkannte er, daß dies nicht der Fall war. Er war einfach hingefallen, aus keinem sichtbaren Grund. ›Verdammt‹, dachte er. ›Was ist los? Vergesse ich, wie man läuft?‹ Er erhob sich und stand auf dem Gehweg wie ein Kind, das dabei ist, seine ersten zögernden Schritte zu machen. Er war gespannt, ob er wieder stürzen würde, wenn er versuchte, sich zu bewegen. Er machte einen zaghaften Schritt, aber seine Beine fühlten sich zittrig an, als ob sie aus Gummi wären und seinen Befehlen nicht gehorchen würden.

Er brachte es fertig, sich zu einer Bank zu schleppen, und setzte sich hin, um auszuruhen. Er war jetzt sehr besorgt. Was stimmte nicht mit ihm? Er hatte niemals zuvor Probleme mit seinen Beinen gehabt, und schließlich war er noch kein alter Mann. Er war ziemlich erschrocken, aber nach ein paar Minuten schien seine Kraft zurückzukehren. Er stand auf und schüttelte seine Beine, ein bißchen beruhigt. Es mußte falscher Alarm gewesen sein, vielleicht das Ergebnis aufgestauter Müdigkeit. Er stellte fest, daß er wieder ganz normal laufen konnte.

Er rief ein anderes Taxi und war bald im Büro seines Kunden. Eine Stunde später, als er das Gebäude wieder verließ, fühlte er dieselbe Schwäche in seinen Beinen aufkommen und brach zusammen. Dieses Mal war er nicht einmal gerannt, deshalb konnte er nicht gestolpert oder ausgerutscht sein, und beide Schuhbänder waren fest zugeschnürt. Irgend etwas war entschieden aus dem Lot geraten.

Ein paar Fußgänger bildeten einen Kreis um ihn. Ein Mann, der das charakteristische Mißtrauen der New Yorker zeigte – schließlich konnte John auch ein Taschendieb sein, der nach einem leichtgläubigen Menschen Ausschau hielt – beugte sich vorsichtig hinunter und fragte: »Fehlt Ihnen etwas?«

»Möglicherweise ist es eine Herzattacke«, erklärte eine ältere Frau. »Jemand sollte einen Krankenwagen rufen.«

»Nein, nein«, widersprach John, »alles in Ordnung ...«

Aber dann dachte er, daß sie vielleicht recht hatte, daß er, obwohl er keine Schmerzen in seiner Brust hatte – geschweige denn andere darauf hindeutende Symptome – eine leichte Herzattacke gehabt haben mochte.

Er legte eine Hand auf sein Herz. Der Mann, der sich über ihn geneigt hatte, schloß daraus, daß die Diagnose der alten Frau korrekt war, und langte hinunter, um Johns Krawatte zu lockern. John, der die Krawatte seines Vaters trug, reagierte etwas aggressiv und schlug die Hand des Mannes in der lächerlichen Furcht weg, dieser hätte die Absicht, sie aus irgendeinem Grund zu stehlen.

»Fassen Sie mich nicht an!« schrie John. »Ich sagte, es ist alles in Ordnung. Mir geht es gut, wirklich.«

Der Mann, der sich von Anfang an nicht sicher gewesen war, ob er John helfen sollte, stand auf und entfernte sich, ohne ein weiteres Wort an John zu richten. Dabei murmelte er vor sich hin, daß die Leute in New York allesamt Verrückte seien und daß er seinen Plan endlich in die Tat umsetzen sollte, aus dieser höllischen Stadt fortzuziehen, so weit wie möglich weg von den zwölf Millionen Irren, die sie bewohnten.

John versuchte, auf die Füße zu kommen, schaffte es allerdings nur bis auf die Knie, bevor er wieder zusammenbrach. Er war ebenso durcheinander wie verzweifelt. Was, zum Teufel, ging hier vor?

Ein Krankenwagen kam, und John erzählte den Sanitätern ununterbrochen, daß es ihm gut gehe, daß er alles unter Kontrolle habe. Da er jedoch nicht in der Lage war, auch nur einen Schritt zu tun, ohne hinzufallen, konnten sie ihn schließlich überzeugen, sich zu einer Kontrolluntersuchung ins Krankenhaus bringen zu lassen.

Er wurde über Nacht dabehalten. Er rief Rachel von seinem Krankenhausbett an. Er sagte ihr, daß er möglicherweise am nächsten Morgen nicht in der Agentur sein würde, weil er noch einmal Mr. Rogers sehen müsse, aber daß es bei dem morgigen Abendessen bleibe. Er erwähnte nichts von seinen Stürzen, denn er wollte nicht, daß sie sich umsonst Sorgen machte.

Spät am nächsten Nachmittag, nachdem er im Laufe des Tages einer Reihe von Tests unterzogen worden war, wurde er von einem Dr. Grant aufgesucht.

»Sie leiden an einem Wirbelsäulen-Aneurysma«, teilte ihm Dr. Grant mit.

»Wirbelsäulen-Aneurysma? Was ist das?«

»Es würde zu lange dauern, Ihnen die Einzelheiten zu erklären. Ich möchte lediglich sagen, daß ein paar Blutgefäße in Ihrer Wirbelsäule zerplatzt sind ...«

»Ist es ernst?«

»Ja, das ist es.«

»Wann werde ich wieder gehen können?«

»Das kann ich Ihnen nicht sagen. Es besteht die Gefahr, daß Sie nie wieder normal gehen können werden. In der Zwischenzeit werden wir Sie mit einem Rollstuhl und einem Paar Krücken ausstatten.«

»Ein Rollstuhl? Bedeutet das, daß ich für den Rest meines Lebens ein Krüppel sein werde?«

»Ziehen Sie nicht voreilig irgendwelche Schlußfolgerungen. Alles, was ich sagen kann, ist, daß Sie an einer ernsten Krankheit leiden, über die wir bis jetzt noch nicht viel wissen. Ich werde ein Rezept für Sie ausstellen. Wenn nach einigen Tagen keine Besserung eintritt, können wir über eine mögliche Operation reden.«

»Eine mögliche Operation? Das bedeutet, daß Sie nicht sicher sind, ob sie Erfolg haben wird, richtig?«

»Ich tue mein Bestes, aber ich kann nichts versprechen. Möglicherweise ist ein Eingriff nicht unbedingt nötig.«

Die Diagnose ließ ihn völlig betäubt zurück. Und als eine Krankenschwester kam, um ihm zu helfen, seinen »neuen« Rollstuhl auszuprobieren, brach er fast zusammen. Er konnte es nicht glauben. Das war kein Scherz! Hier war er und saß verdammt noch mal in einem Rollstuhl! Beklemmung machte sich in ihm breit, als ob man ihm gerade mitgeteilt hätte, daß er nur noch wenige Jahre leben würde. Ihm brach der kalte Schweiß aus, und er fühlte sich, als müsse er hinausschreien, daß das nicht wahr und alles nur ein schlechter Traum war.

Bald sah er sich jedoch gezwungen, sich mit der Wirklichkeit seiner Lage auseinanderzusetzen. Als die Schwester ihn hinaus auf den Flur schob, grüßte ihn nämlich ein anderer Patient, der seit Jahren im Rollstuhl saß, als ob er plötzlich Mitglied eines exklusiven »Clubs« geworden wäre.

Er wurde am selben Nachmittag entlassen und nahm ein Taxi nach Hause. Vor dem Haus, in dem seine Wohnung lag, mußte er warten, bis der Taxifahrer ausstieg und ihm in seinen Rollstuhl half. Einer seiner Nachbarn sah ihn und wurde blaß. Er fragte John, was geschehen sei, ob er einen Unfall oder so etwas gehabt habe.

Im Fahrstuhl mußte John weitere Fragen eines anderen Nachbarn beantworten, so daß er erleichtert war, als er endlich die Tür zu seinem Apartment schließen konnte, was ihm nur unter einigen Schwierigkeiten gelang, da er noch nicht gewohnt war, mit einem Rollstuhl umzugehen. Wo er sich auch hinwandte, überall entdeckte er unerwartete Hindernisse.

Die Möglichkeit einer solch überraschenden Wendung der Geschehnisse wäre ihm am allerwenigsten in den Kopf gekommen, als er triumphierend und seines zukünftigen Erfolgs gewiß von seinem Besuch im Herrenhaus des alten Millionärs zurückgekehrt war. Dann bemerkte er die Schachtel von Tiffany's mit dem Verlobungsring, den er für Rachel gekauft hatte. Wie, um Himmelswillen, sollte es ihm gelingen, ihr die schrecklichen Neuigkeiten beizubringen?

Kapitel 13

*In welchem der junge Mann
die schwierigste Entscheidung seines Lebens fällen muß*

Rachel klopfte wie geplant pünktlich um sieben an Johns Tür, gerade ein paar Minuten nachdem John seinen Rollstuhl in einem Schrank versteckt hatte.

»Es ist offen!« rief er vom Wohnzimmersofa aus, wo er sich niedergelassen hatte, in einen Pyjama und Slipper gekleidet, seine Beine mit einer Wolldecke zugedeckt, was Rachel als einen höchst seltsamen Aufzug empfand.

Warum stand er nicht auf, um sie zu begrüßen, sie in seine Arme zu nehmen, wie er es gewöhnlich tat? Sie hatte ihr kurzes, enganliegendes rotes Kleid mit dem tiefen Ausschnitt an, das bis jetzt niemals seine Wirkung auf John verfehlt hatte.

»Ich habe einen Anflug von Grippe«, beeilte sich John zu erklären, um seine Unbeweglichkeit zu rechtfertigen.

Besorgt ging Rachel zur Couch hinüber, küßte ihn auf die Wange und legte dann mütterlich eine Hand auf seine Stirn, um zu sehen, ob er Fieber habe. Seine Temperatur schien normal.

Sie so nah bei sich stehen zu haben und ihren berauschenden Duft einzuatmen gab John das Gefühl, ihr das sagen zu müssen, was er noch keiner anderen Frau zu sagen gewagt hatte. Nämlich, daß er sie nicht nur wunderschön fand und die Wirkung, die sie auf ihn hatte, jenseits aller Worte lag, sondern daß sie für ihn der Grund zu leben war, seine einzige Liebe, sein Anker, sein Brot und Wein, ohne die das Leben einfach eine langsame Reise in den Tod war.

Wußte sie, wie sehr er sie liebte? Wußte sie, daß er während seiner langen Stunden des Nachdenkens schließlich ein für allemal verstand, daß eine Trennung von ihr wie das Herausreißen eines Teils von sich selbst war?

»Es ist etwas Weißwein im Kühlschrank«, sagte John.

»Glaubst du, es ist eine gute Idee, in deinem Zustand zu trinken?«

»Ein Glas Wein hat noch niemandem geschadet.«

»In Ordnung, wenn du das sagst ...«

Sie wollte nicht streiten und ging in die Küche. Im Kühlschrank fand sie eine Flasche sehr einfachen Weißwein, daneben aber entdeckte sie noch eine Flasche Champagner von ausgezeichneter Qualität – den John am Tag zuvor gekauft hatte – was ihren Verdacht bestärkte, daß er eine sehr wichtige und sehr beglückende Ankündigung machen wollte. Alles in allem war John nicht der Typ, der grundlos Champagner kaufte. Er hatte sich offensichtlich entschieden, ihre Verlobung zu feiern, und würde ihr endlich den wundervollen Ring schenken, den sie in der Nacht, als sie ein Paar wurden, gesehen hatte. Sie würde nicht zögern anzunehmen.

Als er sie mit der Flasche Champagner anstatt mit dem Weißwein zurückkehren sah, runzelte John fast unmerklich die Stirn. Rachel bemerkte jedoch den veränderten Gesichtsausdruck – sie war von einer fast besessenen Aufmerksamkeit gegenüber jeder seiner Stimmungsschwankungen. Hatte er einen plötzlichen Sinneswandel gehabt? Vielleicht fühlte er sich der Situation in seiner gegenwärtigen Verfassung nicht gewachsen?

»Möchtest du lieber etwas anderes trinken?« fragte sie.

»Nein, nein, warum sagst du das?«

»Aus keinem Grund. Nur ein Gefühl. Wie wäre es statt dessen mit Kaffee?«

»Nein, was ist los mit dir?« protestierte er.

Sie begann, den Champagner zu öffnen, aber er nahm ihr die Flasche aus den Händen, entkorkte sie, füllte die Gläser, die sie mitgebracht hatte, und stellte sie auf den kleinen Beistelltisch neben der Couch. Beide nahmen einen Schluck von dem sprudelnden Elixier; anschließend stand Rachel auf und legte Musik auf, nicht nur irgendeine Musik, sondern »ihr« Lied, »Unforgettable«. Dann kam sie und setzte sich neben ihn auf die Couch, hob ihr Glas und wollte ihm zuprosten: »Ein Trinkspruch. Auf ...«

Doch sie beendete den Satz nicht, wagte nicht »Auf uns!« zu sagen, zog es vor, zu warten, bis es von ihm kam. Rachel leerte nervös ihr Glas und schenkte sich noch eines ein, während John abwesend an seinem nippte. Sie dachte, er würde sie zum Tanzen auffordern, ungeachtet dessen, daß er sich krank fühlte, statt dessen aber sagte er: »Ich traf mich mit Rogers. Wir haben den Vertrag nicht bekommen.«

»Oh, wie schade! Aber das ist nicht weiter schlimm. Wir bekommen andere, du wirst schon sehen. Vielleicht sollten wir mehr für die Agentur werben.«

»Hör zu, Rachel, ich muß dir etwas sagen. Ich habe eine Entscheidung getroffen, eine Entscheidung, die mir nicht leichtgefallen ist, glaub mir. Ich werde die Agentur für eine Weile schließen.«

»Die Agentur schließen? Aber warum? Es geht ... es geht uns doch soweit gut, zumindest war das so, als ich das letzte Mal unsere Kontoauszüge geprüft habe.«

»Ich weiß, aber ... dies ist eine persönliche Entscheidung. Ich möchte etwas anderes mit meinem Leben machen.«

»Ein Drehbuch schreiben?«

»Ja.«

»Ich verstehe.«

John nahm einen Umschlag vom Beistelltisch und fügte, höchst verlegen dreinschauend, hinzu: »Ich habe dir einen Scheck über ein Monatsgehalt ausgeschrieben. Das Geld müßte dir reichen, die Zeit zu überbrücken, bis du etwas anderes gefunden hast. Wenn du ein Empfehlungsschreiben brauchst, würde ich natürlich ...«

Dieses Mal fühlte sie, daß es wirklich vorbei war. John hatte nicht wie ein Partner in einer Zweierbeziehung gehandelt, als er seine Entscheidung fällte. Er hatte es nicht einmal für nötig gehalten, sie um ihre Meinung zu fragen. Sicher, die Agentur gehörte ihm, er konnte damit tun, was immer er wollte. Aber schließlich waren sie nun seit Monaten ein Liebespaar, und sie hatte gedacht, sie sei ein Teil seines Lebens. Er reichte ihr den Umschlag, doch sie öffnete ihn nicht. Sie hatte einen Kloß im Hals und das Gefühl, daß ihr das Schlimmste noch bevorstand.

»Meinst du nicht, daß deine Entscheidung ein wenig übereilt ist?« fragte sie und dachte, daß er sich vielleicht einfach ausgebrannt fühlte, daß er einen Tiefpunkt hatte, obwohl sie das etwas überraschend fand in Anbetracht der Tatsache, daß er nur ein paar Tage zuvor vor Energie und Begeisterung übergesprudelt war.

»Ich muß dir sagen, daß ... Ich habe eine Menge über uns nachgedacht ... und ich bin zu dem Entschluß gekommen, daß wir in Wahrheit nicht füreinander bestimmt sind, daß es besser wäre, wenn wir uns nicht mehr sehen würden.«

Nicht nur, daß er sie nicht bat, ihn zu heiraten, nein, er feuerte sie und trennte sich von ihr zur gleichen Zeit! Sie fühlte ihre Welt zusammenbrechen. Er wollte sie nicht mehr! Er liebte sie nicht.

Vielleicht hatte er sie nie geliebt, sondern nur benutzt. Es kam alles so unerwartet, war so verletzend und erniedrigend. Rachel merkte, daß sie den Verstand verlieren würde, wenn sie bliebe und eine Erklärung verlangte, wozu sie unter anderen Umständen natürlich ein Recht gehabt hätte. Ihre Liebe, die sie als so edel, so romantisch empfunden hatte, erschien mit einem Mal schmutzig, nur noch wie eine banale Affäre zwischen einer Assistentin und ihrem Chef, die nun zu einem jähen Ende kam.

Sie war ausgetrickst worden.

Ihr war gleichzeitig nach Schreien und Weinen zumute. Aber sie sagte nichts, von ihrem Leid zum Schweigen gebracht. Und überhaupt, was würde es bringen? Der Urteilsspruch, den er über ihre Liebe gefällt hatte, war das Ergebnis von etwas, das größer war als John. Es war ihr Schicksal, eine Art Fluch, der über ihr hing, seit sie sich erinnern konnte. Er richtete ihr Leben stets so ein, daß sie sich mit Männern einließ, die sie immer gerade dann verließen, wenn sie anfing, sie zu lieben.

»Ich verstehe«, war alles, was sie sagte. »Ich ... ich denke, ich gehe jetzt besser. Du brauchst Ruhe ...«

John hatte erwartet, daß sie sich wehren, ihn anschreien und mit allen Arten von Schimpfwörtern bedenken oder ihn bitten würde, sie nicht zu verlassen.

»Ich werde morgen in die Agentur kommen und meine Sachen holen«, fuhr sie heiser fort. »Ich kann den Schlüssel beim Pförtner hinterlegen.«

Und mit diesen Worten, ohne Kuß oder gar ein »Auf Wiedersehen«, ging, ja, rannte sie fast aus der Wohnung, um einen qualvollen Zusammenbruch zu vermeiden.

Sobald sie die Tür hinter sich geschlossen hatte, kämpfte sich John von der Couch hoch, machte sich, so gut er konnte, auf den Weg zum

Schrank, in dem er seinen Rollstuhl versteckt hatte, und kletterte in diesen zurück. Er rollte sich selbst hinüber zur Stereoanlage und spielte noch einmal »Unforgettable«, dann eilte er zum Fenster und beobachtete Rachel, wie sie die Straße überquerte und dann an der Ecke stand, wo sie auf ihren Bus wartete.

Die Musik erinnerte ihn daran, wie sie im Plaza Hotel miteinander getanzt hatten, leicht, wie es nur Liebende an ihrem ersten gemeinsamen Abend können. Nun war es vorbei; es war seine Schuld, seine Entscheidung. Aber hätte er wirklich etwas anderes tun können? Es wäre ihm niemals möglich gewesen, zu akzeptieren, daß sie aus Mitleid bei ihm blieb. Hätte er mit sich selbst in dem Wissen leben können, daß er der Frau, die er liebte, ein Leben in Leid auferlegte, von ihr verlangte, daß sie seine Krankenschwester wurde anstatt einer richtigen Ehefrau und für den Rest ihres Lebens seinen Rollstuhl umherschob?

Als er sah, wie Rachel in den Bus stieg, der sie hinaus in die Nacht trug, angelte er hastig nach der kleinen Schachtel von Tiffany's in seiner Tasche, öffnete sie und betrachtete den wundervollen Ring, den er gekauft hatte. Tränen stiegen ihm in die Augen, als ihm klar wurde, daß er gerade die schwierigste Entscheidung seines Lebens getroffen hatte und daß er, egal wie man es betrachtete, als Verlierer daraus hervorgehen mußte. Wenn er sie nicht fortgeschickt und ihr die Wahrheit über seine Krankheit gesagt hätte, würde er seine Selbstachtung verloren haben. Indem er sie gehen ließ, hatte er die Liebe seines Lebens verwirkt.

Sein Zustand besserte sich in der folgenden Woche nicht, und John gab die Agentur gebrochenen Herzens auf. Er verhandelte mit dem Besitzer des Gebäudes über eine Abfindung. Der Mann gegenüber einem Menschen im Rollstuhl nicht unfair sein wollte, doch Geschäft war Geschäft, und so forderte er drei Monatsmieten als Ausgleich für den Bruch des Mietvertrags. So gingen nochmals ein paar tausend Dollar den Bach hinunter!

John legte seine wenigen Besitztümer in eine Kiste – einige Stapel unbenutztes Papier, Stifte, die Porträts von Rachel und von seinem Vater, die er immer auf seinem Schreibtisch stehen hatte. Bevor er ging, warf er einen letzten Blick um sich, um sicher zu gehen, daß er nichts vergessen hatte. Er öffnete eine Schublade in Rachels Schreibtisch. Darin fand er zwei Gehaltsschecks, die sie niemals eingelöst hatte, da sie wußte, daß die Agentur in steigendem Maße mit ernsthaften Geldproblemen kämpfte. Sie hatte versucht, ihren Teil beizutragen, aus Liebe zu ihm und weil sie von Natur aus so großzügig war, obwohl sie selbst nicht viel besaß.

John war beschämt, als er erkannte, wie viele Opfer sie gebracht hatte. Er nahm die Schecks und steckte sie, überwältigt von Gefühlen, so sorgfältig in seine Tasche, als handelte es sich um Liebesbriefe.

Er war dabei, die Schublade zu schließen, als er eine Goldbrosche in Form eines kleinen Widders bemerkte, des Symbols von Rachels Sternzeichen, die am ersten April Geburtstag hatte. Sie hatte sie am ersten Tag getragen, als sie in der Agentur erschien, um sich für die Stelle als Assistentin zu bewerben. John nahm die Brosche und betrachtete sie ein paar Sekunden. Dann rang er seine Schwermut nieder und versuchte, die Brosche an sein Hemd zu stecken, stach sich aber statt dessen unbeholfen selbst mit der Nadel, so daß sich ein winziger Blutfleck über seinem Herzen ausbreitete.

Kapitel 14

In welchem der junge Mann
zwischen Licht und Dunkelheit wählen muß

Ungefähr um fünf Uhr am nächsten Morgen fuhr John mit einem Taxi an das Ufer des East River, nahe der Brooklyn Bridge. Er bat den Fahrer zu warten, eine Aufforderung, die dem Mann irgendwie seltsam vorkam. Trotzdem stieg er aus seinem Wagen, lehnte sich an die Tür und zündete sich mit müdem Blick eine Zigarette an.

In seinen Rollstuhl gepfercht, befand sich John nur ein paar Meter weg vom Rand eines Betondocks, das ungefähr fünf Meter über der Oberfläche des trüben Wassers aufragte. Er hatte die alte Holzkiste mitgebracht, die ihm der Millionär gegeben hatte, und er betrachtete sie voller Abscheu.

Alles, was der alte Mann ihm erzählt hatte, war falsch, nur ein Haufen Lügen und phantastische Versprechungen. Sicher, ihm war gesagt worden, daß er seinen Anteil an Prüfungen und Mühsal zu erwarten hatte, aber dieser Abstieg in die Hölle war einfach zuviel. Sein Leben hätte ein Rosengarten sein sollen, in dem er von Erfolg zu Erfolg eilte. Als er eine Bestandsaufnahme seiner wirklichen Lage machte, sah es jedoch alles andere als rosig aus.

Er hatte seine Agentur schließen müssen; er hatte Rachel verloren, die Frau, die er mehr als alles in seinem Leben liebte; er war gelähmt, an den Rollstuhl gefesselt, ohne zu wissen, ob er seine Beine jemals wieder würde gebrauchen können.

Warum weitermachen? Für wen? Wenn doch nur sein Vater noch am Leben wäre... Wie oft hatte er sich gesagt, daß er seines Vaters wiederholtes Angebot, zu ihm zu kommen und in seiner Bar zu arbeiten, hätte annehmen sollen. Sein Leben hätte vollkommen anders verlaufen können, wenn er das getan hätte. Vielleicht wäre er nicht von dieser seltsamen Krankheit befallen worden. Dann jedoch würde er Rachel nicht getroffen haben, was, bei genauerem Hinsehen, vielleicht sogar von Vorteil gewesen wäre. Ist es nicht besser, niemals die große Liebe zu erfahren, als zum Weiterleben verdammt zu sein, wenn man sie verloren hat?

Erregt warf er einen Blick auf die alte Kiste, dann rückte er zum Ende des Docks vor. Als der Taxifahrer sah, wie nah er dem Rand kam, warf er alarmiert seine Zigarette weg und machte ein paar Schritte nach vorn. Was hatte dieser Kerl vor? War er dabei, den letzten Schritt zu wagen und sich in das aufgewühlte Wasser da unten zu werfen? Und wenn er das tat, wer würde dann für die Fahrt bezahlen?

Seine Befürchtungen lösten sich auf, als John anstatt seiner selbst die alte Kiste in den Fluß warf. Er beobachtete, wie sie auf dem Strom wegtrieb, allmählich sank und verschwand.

John hatte das Gefühl, als müsse er der Kiste in ihr feuchtes Grab folgen. Es war wie ein dunkler, unheimlicher Ruf, der Schweigen, Ruhe, das Ende allen Leidens versprach. Es würde einfach sein, so einfach. Alles, was er tun mußte, war, den Rädern seines Stuhls einen kleinen Schubs zu geben. Dann träfe er seinen Vater wieder, könnte ihn um Vergebung bitten für die Weigerung, mit ihm zusammen in seiner Bar zu arbeiten. Wer war er denn, seines Vaters Bitte abzulehnen? Er würde auch nicht mehr an Rachel denken, nicht mehr bedauern müssen, sie verlassen zu haben, weil es nichts anderes gab, was er hätte tun können.

Wie in Trance legte er seine rechte Hand auf das Rad, bereit, sein Schicksal zu besiegeln, und starrte hinunter auf das Wasser.

John kämpfte noch mit seinem Wunsch, alles zu beenden, als die ersten Sonnenstrahlen über den Horizont flammten und sich in den Wellen spiegelten. Eine mächtige Gefühlswelle überkam ihn. Das orangefarbene Licht der Morgenröte lag über den klaren blauen Himmel ausgebreitet und war so unglaublich schön, daß er kurz vermeinte, eine einzelne Silbe zu hören: »OM.«

Im allerletzten Augenblick, als ob ihn seine Kraft unvermutet verlassen hätte – oder vielmehr als ob eine fremde Kraft plötzlich Besitz von ihm ergriffen hätte, die ihn seines Willens zu sterben beraubte – hatte er eine Vision: Er erinnerte sich an den kranken Rosenstrauch im Garten des Millionärs, und eine Stimme klang in ihm, ganz zart zuerst, eine Stimme, die genau wie die des alten Exzentrikers klang. Sie sagte: »Der einzige Grund, aus dem ich zurückkam, war dieser Rosenstrauch.«

Sein Entschluß begann zu wanken, als er erkannte, daß er das dem alten Millionär nicht antun konnte, daß dieser fast verkümmerte Rosenstrauch er selbst war.

Und plötzlich merkte er, daß er leben wollte, weil ihn etwas in einer Weise jenseits aller Worte, jenseits aller materiellen Dinge berührt hatte... Trotz allem glaubte er an diesen Mann, trotz seiner Eigenarten und trotz der geheimnisvollen, unerklärlichen Seite seiner Lehre. Noch wichtiger war, erkannte er, daß dieser Mann an ihn glaubte.

Ja, was denn! Nahm er sich selbst so wichtig, maß er seiner eigenen unwesentlichen Person soviel Bedeutung bei, daß er bereit war, sich selbst zu töten? Und das, obwohl er noch immer in der Lage war, über dieses großartige Naturschauspiel zu staunen und sich davon bewegen zu lassen? War er so besessen von seinem eigenen Unglück, daß er die überwältigende Schönheit des Lebens direkt vor seinen Augen nicht sehen konnte?

Er rief sich wieder in Erinnerung, was der alte Mann gesagt hatte, als sie in seiner Limousine fuhren und er auf einen schlechtgekleideten Mann deutete, der am Straßenrand stand: Der Unterschied zwischen diesem Mann und ihm selbst sei, daß, sogar wenn man ihm, dem Millionär, alles wegnähme, was ihm gehöre, er es früher oder später zurückbekäme, weil er das Wichtigste, was ein Mensch haben kann, immer noch sein Eigen nennen könne – seinen Verstand.

Er konnte seine Beine nicht mehr benutzen; er hatte Rachel verloren, seinen Vater, die Agentur ... alles. Aber er hatte noch seinen Verstand. Der war unversehrt. Und es war wegen dieses Geistes, daß er sich immer noch an der Pracht eines Sonnenaufgangs über Manhatten erfreuen konnte, der eine übernatürliche Landschaft von Wolkenkratzern und farbigem Himmel vor ihm ausbreitete.

Sein Verstand war sein größter Reichtum. Und er würde ihn einsetzen, um seine Träume wahr werden zu lassen. Er würde ein Drehbuch schreiben, das sein Leben ein für allemal verändern würde.

»In der größten Not«, hatte der alte Mann erklärt, »liegt die Saat zu höchster Leistung.« Damals hatte John nicht gewußt, welche Leistung das sein würde. Aber nun war er bereit, bereit Vertrauen in das Leben zu setzen, in seinen zukünftigen Erfolg. Es war an der Zeit, daß er seinen Traum verwirklichte.

Kapitel 15

*In welchem sich der junge Mann
entschlossen an die Arbeit macht*

Weniger als eine halbe Stunde später saß John am Schreibtisch vor seinem Computer, der in den nächsten Wochen wahrscheinlich seine einzige Gesellschaft sein würde. Er entschied sofort, daß die einfachste – und deshalb interessanteste – Geschichte, die er zu erzählen hatte, die über sein Zusammentreffen mit dem ungewöhnlichen alten Millionär war. Er hatte niemals ein Drehbuch geschrieben, aber seine langjährige Erfahrung als Werbetexter hatte seine Fertigkeit im Umgang mit Worten geschliffen und seine bereits lebhafte Vorstellungskraft weiterentwickelt.

Er hatte kaum ein paar Minuten gearbeitet, als ein blauer Eichelhäher angeflogen kam und sich auf den Sims des offenen Fensters neben seinem Schreibtisch setzte. Es war das erste Mal, daß er in New York einen blauen Eichelhäher sah. Aufgeregt durch das Wiedersehen mit seinem Lieblingsvogel, eilte er in die Küche, um Nüsse zu holen, und warf ein paar auf den Sims. Der Eichelhäher pickte nach der größten, las sie mit seinem schwarzen Schnabel auf und flog davon. John erinnerte sich an seinen Traum vom flügellosen blauen Eichelhäher, der ihn eine Zeitlang verfolgt hatte, und schloß umgehend, daß dieser Besuch ein gutes Omen war. Ein neues Leben begann für ihn, trotz aller Widrigkeiten, trotz seines Kummers über den Verlust von Rachel. Er mußte sich mit Körper und Seele in die Arbeit stürzen. Er mußte sich mit all seiner Kraft konzentrieren.

Seine Jahre in der Werbung waren eine gute Vorbereitung gewesen für Arbeit unter Zeitdruck, deshalb konnte er in Doppelschichten an seinem Computer arbeiten und fünfzehn Stunden pro Tag davor verbringen, sieben Tage in der Woche. Bei diesem Tempo konnte er einen ersten Entwurf in einem Monat fertigstellen.

Das erste, was er tat, war, mit dem frisch ausgedruckten Manuskript in der Hand dem Videoladen in seiner Nachbarschaft einen Besuch abzustatten. Dort wollte er Steve treffen, einen der Angestellten und besessenen Filmfreak, mit dem er lange Stunden mit Diskussionen über Vorzüge und Mängel verschiedener Filme verbracht hatte. Seit er mit Rachel zusammen war, hatte er Steve regelmäßig gesehen, denn seiner und Rachels bevorzugter Zeitvertreib bestand darin, sich alte Klassiker anzusehen und dabei Pizza zu essen – halb vegetarisch, halb gemischt, um ihre jeweiligen Geschmäcker zufriedenzustellen.

»Was ist mit dir passiert?« fragte Steve als er John zum erstenmal in seinem Rollstuhl sah.

»Ich fiel hin, als ich aus meinem Privatflugzeug stieg.«

Steve, ein fünfundzwanzigjähriger Filmstudent mit schmalen, blitzenden Augen, die Haare zu einem Pferdeschwanz zusammengebunden, hakte nach: »Nein, ernsthaft, was ist geschehen?«

»Ich weiß es wirklich nicht. Es ist irgendeine merkwürdige Krankheit. Hat etwas mit meiner Wirbelsäule zu tun.«

»Wie lange wird es dauern, bis es dir bessergeht?«

»Das weiß nicht einmal der Arzt.«

»Das ist ein Hammer.« Dann, nach einer Pause: »Ich hoffe, du hast Rachel nicht angesteckt?«

»Nein, es ist nicht ansteckend.«

»Wie geht es ihr?«

»Ihr geht es gut ...«

Es war, als ob er sich schämte zuzugeben, daß es zwischen ihnen aus war, als ob ihre Beziehung am Leben erhalten werden könnte, wenn sie im Kopf eines anderen noch Bestand hatte.

»Du hast da wirklich eine tolle Frau gefunden«, fuhr Steve fort. »Du solltest sie heiraten, bevor ein großer Fisch vorbeikommt und sie dir wegschnappt.«

»Das ist wahr«, sagte John.

»Also, was willst du dir heute ausleihen?«

»Nichts. Ich kam vorbei, um dich zu bitten, mein Drehbuch zu lesen.«

Am nächsten Tag rief Steve an, um John zu berichten, was er davon hielt. John hörte aufmerksam zu.

»Willst du, daß ich dir sage, was dich glücklich macht oder was ich wirklich denke?« begann Steve.

»Ich habe das Gefühl, ich muß mich warm anziehen.«

»Ich finde, es mangelt ihm an Leben. Die Charaktere sind unglaubwürdig. Du hast das nicht aus dem Herzen heraus geschrieben. Vielleicht irre ich mich. In Hollywood sagen sie, daß niemand nichts über nichts weiß. Deshalb ist es möglich, daß ich die Sache vollkommen falsch sehe. Das beste wird sein, es jemand anderem zu lesen zu geben.«

»Danke.«

»Ich hoffe, ich bin nicht zu hart mit dir umgesprungen. Ich meine, du hast mich um meine Meinung gebeten. Vielleicht bin ich zu kritisch. Ich lese in der Filmhochschule ungefähr drei Drehbücher am Tag; deshalb bin ich eventuell ein bißchen abgestumpft.«

Und so entdeckte John die »Freuden« der Schöpfung. Er wagte nicht, jemand anderen das Drehbuch lesen zu lassen. Statt dessen las er es selbst noch einmal und stellte fest, daß Steves Urteil treffend gewesen war. Der Geschichte mangelte es an Leben, Wärme. Er hatte es mit dem Kopf geschrieben, nicht aus seinem Herzen heraus.

Er war entmutigt. Was glaubte er denn, wer er war? Er hatte niemals das Filmemachen studiert, hatte niemals auch nur ein einziges Buch über dieses Thema gelesen, und da war er nun und bildete sich ein, er könne über Nacht ein Drehbuchautor werden. Was erwartete er?

Seine Unterhaltung mit Steve hatte seine Sehnsucht, Rachel wiederzusehen, angefacht. Warum sie nicht anrufen und ihr die Wahrheit sagen? Daß er niemals aufgehört hatte, sie zu lieben, daß er sie angelogen hatte? Vielleicht würde sie verstehen und zu ihm zurückkommen? Vielleicht war es noch nicht zu spät? Immerhin waren sie erst seit weniger als einem Monat getrennt.

Nach langem Zögern nahm er den Telefonhörer ab und wählte ihre Nummer. Aber nach zweimaligem Läuten verlor er plötzlich den Mut und legte auf. Er wählte wieder, dieses Mal ließ er es dreimal läuten. Bebend hörte er endlich Rachels Stimme, die so wundervoll war, daß sie nie aufgehört hatte, schmerzlich in seiner Erinnerung nachzuhallen.

»Hallo«, sagte sie.

»...«

»Hallo? Wer ist da? Können Sie mich hören?«

John, der von plötzlicher Schüchternheit überwältigt war, konnte immer noch nichts sagen.

»Louis? Bist du das?« fragte Rachel. »Hör auf herumzualbern, das ist nicht lustig.«

John fühlte einen Stich in seinem Herzen und legte auf. Wer war dieser Louis? Konnte Rachel bereits jemand anderen gefunden haben, nach nur einem Monat? Vielleicht war Steves Warnung im Videoladen hellsichtig gewesen. Ein »großer Fisch« war vorbeigekommen und hatte Rachel geschnappt, weil er sie nicht rechtzeitig gebeten hatte, ihn zu heiraten.

Nein, dachte er, das konnte nicht sein. Rachel war zu gefühlvoll und romantisch, um so schnell zu vergessen, nach nur ein paar kurzen Wochen. Louis war wahrscheinlich einfach ein Bekannter, höchstens ein alter Freund. Es sei denn, daß ihr Kummer und ihre Verwirrung so groß gewesen waren, daß sie sich in die Arme des erstbesten geworfen hatte, der vorbeikam.

In der Hoffnung, seine Gedanken von Rachel abzulenken, schaltete John den Fernseher ein. Eine schöne Frau stellte Ferienorte in Acapulco vor. John dachte sofort an Rachel.

Warum rief er sie nicht einfach an und lud sie ein, eine Woche mit ihm wegzufahren, um die Dinge geradezubiegen?

Kapitel 16

*In welchem der junge Mann erfährt,
was Demütigung heißt*

John saß in seinem Rollstuhl am Strand und bewunderte Rachels anmutige Kurven. Sie trug einen enganliegenden, schwarzen einteiligen Badeanzug mit hübschen apfelgrünen Knöpfen auf den Schulterträgern und planschte im vollkommen stillen Wasser der Bucht von Acapulco. Wie schön sie war mit ihren kastanienbraunen Locken, die unter ihrem gelben Strohhut wie goldene Kaskaden herunterfielen! Wie ihr Lächeln strahlte, arglos und unschuldig wie das eines Kindes!

Es herrschte eine festliche Atmosphäre auf dem belebten Strand. Hinter der Stelle, die Rachel und John ausgesucht hatten, um ihre Handtücher auszubreiten, sandte eine von ihrem Hotel, dem Acapulco Plaza, engagierte Mariachi-Band einen Strom von fröhlichen Gitarren- und Trompetenmelodien hinauf in den wolkenlosen azurblauen Himmel.

Der einzige Makel dieser Idylle war Johns Nachbar, ein riesiger Mann in den Vierzigern, der bestimmt schon die eine oder andere Waage auf dem Gewissen hatte – er mußte fast zweihundert Kilo wiegen! Um dem noch die Krone aufzusetzen, war er mit einer lächerlich kleinen Badehose in Leopardenfellmuster bekleidet, über die sich die Fettfalten wie Eisschichten schoben. Er war jetzt eingeschlafen, nachdem er einen gigantischen Teller Spaghetti verschlungen hatte. Die Überreste lagen verkrustet an seiner Seite und zogen eine Horde Fliegen an.

Aber das Schlimmste von allem war, daß ihn der Schlaf überwältigt hatte, bevor er seinen Nachtisch beenden konnte: ein riesiges Erdbeereis, das auf seine fette Wampe gefallen war, wo es nun lag und in der Mittagssonne schmolz. Dabei flossen Ströme von Eiskrem zwischen seinen wabbeligen Schenkeln hinunter, und das lockte noch mehr Fliegen in die unmittelbare Nachbarschaft. John, der durch die Insekten belästigt wurde und es sehr schwierig fand, seinen Rollstuhl in dem weichen Sand zu bewegen, räusperte sich einige Male in der Hoffnung, den Mann aufzuwecken. Das groteske Schauspiel geriet an diesem Teil des Strandes bald ins Zentrum der Aufmerksamkeit. John versuchte es mit Husten, und als auch das keine Wirkung zeigte, lehnte er sich hinüber und packte den Griff des Messers auf dem Spaghettiteller des Mannes, ein ziemlich langes Messer. Er fing an, mit der Schneide auf die Räder seines Stuhls zu schlagen, was sich als gleichermaßen vergebliche Mühe herausstellte. Als er wieder nach Rachel schaute, hörte er schlagartig damit auf. Er sah etwas, das ihm einen Kälteschauer über den ganzen Körper laufen ließ: Eine riesige Haifischflosse durchschnitt das Gewässer der Bucht und kam auf Rachel zu, die zu dieser Stunde eine von nur wenigen Badenden war.

»Rachel! Komm zurück zum Strand! Rachel! Ein Hai ist hinter dir!« schrie er und wedelte wild mit seinen Armen.

Rachel hörte ihn nicht, weil die Musik der Kapelle seine Schreie übertönte. Sie dachte wohl, daß er winkte, um sie zu ermutigen oder um ihr zu zeigen, wie glücklich er war, und sie winkte glücklich lächelnd zurück.

John erkannte, daß sie ihn nicht hören konnte und daß er auf der Stelle etwas tun mußte. Er versuchte, die Leute um ihn herum zu alarmieren, aber alle, die ausgestreckt im Sand lagen, schienen jetzt eingeschlafen zu sein. Das einzige wache Paar verstand nur Spanisch, eine Sprache, von der John kaum ein Wort konnte.

»Rachel! Hinter dir!«

Der Hai war nur noch ungefähr dreißig Meter weg und steuerte geradewegs auf sie zu. John wußte, daß er sofort handeln mußte. Er erinnerte sich an das, was ihm der alte Mann gesagt hatte, daß Glauben einen alles vollbringen läßt. Wenn er Berge versetzen konnte, konnte er auch die Lähmung aus seinen Beinen vertreiben und sich aus seinem Rollstuhl herausbringen, damit er der geliebten Frau in der Not beistehen konnte.

Er umklammerte konzentriert die Armlehnen des Stuhls und versuchte aufzustehen, während er in seinem Kopf ständig wiederholte, daß er gehen *konnte*, gehen *mußte*, da Rachels Leben davon abhing. Und das Wunder geschah. Er stützte sich auf die Armlehnen und, zu seiner eigenen Überraschung, als ob die Wiedererlangung seiner Kraft das letzte wäre, was er erwartet hätte, stürzte er nicht.

Das Messer des fetten Mannes immer noch in der Hand, begann John zu rennen, langsam zuerst, und dann schneller und schneller, während er Rachel zurief, daß sie aus dem Wasser kommen solle. Dabei schwang er das Messer auf solch bedrohliche Weise über seinem Kopf, daß Rachel, anfangs überrascht und erfreut, ihn wunderbarerweise wiederhergestellt zu sehen, sich zu fragen begann, ob er zu lange in der Sonne gewesen war. Was hatte er nur mit dem Messer vor, das er, während er durch die Brandung auf sie zustürmte, über dem Kopf schwang?

Schnell kam sie zu der Überzeugung, daß er seinen Verstand verloren haben mußte. Instinktiv hob sie eine Hand, um sich zu schützen, als sie sah, wie er in die Luft sprang und sich hinter sie warf, gerade als der

Hai dabei war, sie anzugreifen. Es folgte ein langer Kampf, den sie mit Entsetzen verfolgte.

John verschwand unter der Oberfläche, verwickelt in ein tödliches Ringen mit dem Hai, der über zweihundert Pfund wog. Bald färbte sich das Wasser karmesinrot, Blut schien auf einmal aus allen Ecken hervorzuströmen. Dann wurde das Wasser plötzlich ruhig und ein toter Körper trieb an die Oberfläche. Es war der Hai, durchlöchert von Messerstichen. Wild nach Luft schnappend erschien John wieder an der Oberfläche, er war kurz vor dem Ersticken. Er schien keine Wunden davongetragen zu haben.

Er sah sich nach Rachel um, aber sie war nirgends zu sehen. Zu seinem Entsetzen entdeckte er den Strohhut, der auf der Oberfläche des Wassers dümpelte.

»Rachel!« schrie er verzweifelt, fast in Panik, und stellte sich das Schlimmste vor. Aber er hatte den Hai doch erreicht, bevor dieser eine Gelegenheit zum Angriff gehabt hatte. Er blickte zurück auf den Strand – vielleicht war sie aus Angst ans Ufer gelaufen, als sie erkannte, daß ein Hai im Wasser war. Aber sie war nirgendwo zu sehen. Er tauchte unter, suchte unter Wasser. Nichts. Er kehrte an die Oberfläche zurück und schaute hinaus aufs Meer, und dann sah er es – eine zweite Haifischflosse, die sich schleunigst vom Kampfplatz entfernte. Es schien, als habe ein anderes Raubtier Rachel während des Kampfes davongetragen.

Johns Verzweiflung war grenzenlos. Er haderte sofort mit sich, weil er den zweiten Hai nicht gesehen hatte. Aber selbst wenn er ihn gesehen hätte, wäre es ihm dann möglich gewesen, mit zwei Haien zur gleichen Zeit zu kämpfen? Das Schicksal schlug wieder einmal grausam zu. In seinem Kummer stöhnte er laut auf. Dann fischte er Rachels Hut aus dem Wasser und watete schließlich mit gebeugten Schultern durch die Brandung in Richtung Strand.

Eine attraktive junge Frau stand am Strand und wartete auf ihn, ihre lieblichen Lippen zu einem bewundernden Lächeln verzogen. Sie hatte gesehen, wie er den Hai angriff, hatte aber keine Ahnung, daß eine andere Bestie der Tiefe Rachel mit sich genommen hatte. Sie deutete auf den treibenden Körper des toten Hais, der bereits von einer Schar Seemöwen angepickt wurde.

»Ich habe die ganze Geschichte beobachtet«, sagte sie. »Sie sind so tapfer. Darf ich Ihnen einen Drink ausgeben?«

John antwortete nicht, sondern warf ihr nur einen höhnischen Blick zu. Als der Wasserspiegel nur noch bis zu seinen Knien ging, spürte er plötzlich, wie seine Beine unter ihm nachgaben. Ihm war sofort klar, was geschah – seine Kraft hatte nur so lange angehalten, wie er versuchte, Rachel zu retten. Nun, da es vorbei war, verließ sie ihn wieder. Er könnte sich so fest konzentrieren, wie er wollte, es würde nichts nützen. Es dauerte nicht lange, da sackte er im seichten Wasser zusammen. Er versuchte verzweifelt aufzustehen, doch vergeblich.

Das Mädchen runzelte die Stirn und fragte sich, was da vor sich ging. Dann sah sie den leeren Rollstuhl am Strand und verstand.

»Sie sind behindert«, stellte sie fest.

Prustend vor Lachen rief sie ihre Freunde herbei, die meisten von ihnen athletische Typen mit Muskeln, die von stundenlangem Gewichtheben und der stetigen Zufuhr von Anabolika geschwellt waren.

»Seht euch das mal an«, quietschte sie. »Der Kerl ist ein Krüppel, aber er kann schwimmen! Wenn ich nur daran denke, daß ich gerade angeboten habe, ihm einen auszugeben. Ich trinke nicht mit Krüppeln, nein, mein Herr, ich nicht!«

Sie fingen alle laut an zu lachen, während John, ganz betäubt vom Schmerz über den Verlust von Rachel, weiter versuchte, sich aufzurichten und mit den Armen auf das Wasser drosch, um Abstand von den grausamen Urlaubern zu bekommen. Dann ertönte das Heulen einer Polizeisirene, und alle zerstreuten sich.

Und hier endete Johns Alptraum. Er wachte auf, allein in seinem Bett, den Ferienteil der Zeitung neben sich auf dem Boden, eine Seite mit Werbung für den unwiderstehlichen Charme des Acapulco-Plaza-Hotels aufgeschlagen. Vor seinem Schlafzimmerfenster heulte in einiger Entfernung eine Polizeisirene, die ihn offensichtlich aus seinem unruhigen Schlaf gerissen hatte.

Sein Körper war schweißnaß, als ob er wirklich in einen anstrengenden Kampf verwickelt gewesen wäre. John machte ein paar tiefe Atemzüge, ungeheuer erleichtert, daß alles nur ein schlechter Traum gewesen war, daß er Rachel nicht leibhaftig für immer verloren hatte. Und doch erschien alles so wirklich; er hatte alles mit solch halluzinatorischer Klarheit erlebt: den Strand, den fetten Mann neben ihm, Rachel, göttlich in ihrem schwarzen Badeanzug, und der Hai, mit dem er gekämpft hatte...

Er fragte sich, wie spät es sein mochte, und sah auf seine Uhr – fünf nach sieben am Morgen. Zumindest konnte er eine gute Tasse Kaffee trinken. Und als die Polizeisirene in der Entfernung verklang, machte John sich daran aufzustehen. Er hatte vergessen, daß er nicht gehen konnte, und fiel auf die Nase. Mit einem Mal war er beschämt und entmutigt, daß seine Beine, ehemals so stark, nun nutzlos waren wie ein Paar alter Lumpen.

Unter großen Schwierigkeiten zog er sich hoch und setzte sich auf die Bettkante. Er langte nach seiner täglichen Pillenration. Doch plötzlich angewidert von der offensichtlichen Unfähigkeit der Tabletten, seinen Zustand zu bessern, warf er die offene Schachtel weg, so daß eine Reihe rotschwarzer Kapseln über den Boden rollte.

Dann rief er sich einen Teil seines Traums in Erinnerung, und Hoffnung ließ sein Gesicht aufleuchten. Während des Notfalls am Strand hatte er all seine inneren Kräfte gesammelt und hatte *wundersamerweise erreicht, daß er aufstehen und gehen konnte*. Warum konnte er nicht das gleiche im Wachzustand tun? Können die Dinge, die wir in Träumen erleben, nicht auch im wahren Leben geschehen? Unterscheidet sich das, was wir nicht ganz treffend als »wahres Leben« bezeichnen, so sehr von dem Leben, das wir in unseren Träumen führen? Auf jeden Fall war es einen Versuch wert.

Er begann sich zu konzentrieren, wie er es in dem Traum getan hatte, indem er immer wiederholte, daß er es tun könnte, wenn er nur *wirklich glaubte*, dann stand er auf. Einen Augenblick lang dachte er, das Wunder hätte sich tatsächlich abermals ereignet und er hätte den Gebrauch seiner Beine wiedererlangt. Aber seine Hochstimmung hielt nur für den Bruchteil einer Sekunde. Zeit genug, um auf seinem Gesicht ein triumphierendes Lächeln erstrahlen zu lassen und es dann genausoschnell wieder wegzuwischen, als die traurige Wirklichkeit seines Zustands von neuem zutage trat. Er stürzte abermals.

Er saß einige Minuten da, dachte über Rachel nach, über ihr Leben, das sicher nicht leicht war, trotz ihres hartnäckigen Optimismus. Er vermißte sie mehr denn je – selten hatte er sich so allein gefühlt.

Drei Stunden später war er zu seinem wöchentlichen Termin bei Dr. Grant im Krankenhaus. Dort bat ihn die Krankenschwester, sich umzuziehen, in ein Krankenhaushemd zu schlüpfen und sich auf den Untersuchungstisch zu legen, was er tat.

Sobald sie den Raum verlassen hatte, trat Dr. Grant ein und streckte ihm grüßend seine große Hand entgegen.

»Wie geht es Ihnen heute, Mr. Blake?«

»Oh, einfach wunderbar«, erwiderte John.

»Nein!«

»Oh, es geht mir von Tag zu Tag immer besser, Doktor. Ich habe mich für den Boston-Marathon angemeldet, und ich beabsichtige, beim Endspurt Erster zu werden. Ich muß mich nur vergewissern, daß mein Rollstuhl geölt ist. Er wird ein bißchen rostig.«

»Keine Besserung?«

»Keine.«

»Aber es geht Ihnen auch nicht schlechter, oder?«

»Wenn etwas tot ist, kann es dann *noch* toter werden?«

»Nein, aber ...«

»Warum operieren Sie nicht, Doktor?«

»Eine Operation wäre riskant.«

»Es besteht ein noch größeres Risiko, daß ich an Langeweile sterbe.«

»Zuerst müssen wir sehen, ob die Medikamente anschlagen.«

»Das tun sie nicht. Das können Sie selbst sehen.«

»Sie müssen Geduld haben. In ein paar Monaten vielleicht...«

Ein paar Monate! John konnte es sich kaum vorstellen, ein paar Monate zu warten, wo doch jeder Tag, der verging, eine Folter war. Er stritt sich nicht weiter, aber als die Untersuchung vorbei war und er das Krankenhaus verließ, fühlte er sich noch entmutigter als zu dem Zeitpunkt, als er herausgefunden hatte, daß er krank war.

Kapitel 17

In welchem der junge Mann das ewige Leben entdeckt

Nachdem Verlassen des Krankenhauses rief John ein Taxi und bat den Fahrer, ihn zu dem Friedhof zu bringen, auf dem sein Vater begraben lag. Er machte kurz Halt auf dem Weg, um eine Flasche des besten Cognacs und einen kleinen Blumenstrauß zu kaufen.

Als sie durch das Eisenportal fuhren, das den Eingang des Friedhofs bildete, rief sich John das Begräbnis seines Vaters wieder in Erinnerung. Nur wenige Familienmitglieder, die er sonst kaum jemals sah – entfernte Vettern, eine alte Tante und ein Onkel – waren erschienen, dazu ein paar Stammgäste aus der Bar und seines Vaters treue Gehilfin, Madeline, der einzige Mensch abgesehen von John, den der Tod seines Vaters wirklich betrübte – jedenfalls die einzige, die ein paar Tränen vergoß. Der sichtlich angeheiterte Priester hatte es eilig, das Begräbnis über die Bühne zu bringen, bevor der sich ankündigende Sturm losbrechen würde. Zur Erleichterung der Trauergäste beschleunigte er das Verfahren, so gut er konnte. Sobald die ersten Donnerschläge über den bewölkten Himmel rollten, schlugen sie hastig das Kreuz und stoben auseinander.

John erinnerte sich, wie die Totengräber die ersten Brocken Erde auf den Sarg seines Vaters geworfen hatten. Dabei hatten sie über die Kraft geflucht, die sie aufbringen mußten (die Erde war schwer gewesen vom Regen des vorherigen Tages), und über die Eile, die nötig gewesen war, damit sie fertig wurden, bevor der Sturm losschlug.

Schweren Herzens gestand sich John, daß das Leben eines Mannes wirklich nicht viel bedeutete, wenn sogar seine Lieben ihn so schnell vergaßen. Besonders, wenn ihre eigene Bequemlichkeit durch ein paar Regentropfen bedroht war.

Doch der Gottesdienst hatte seinen Zweck erfüllt: Die greifbare Wirklichkeit, seines Vaters Sarg hochgehoben und in das klaffende Loch im Boden versenkt zu sehen, hatte John schließlich erkennen lassen, daß es vorbei war, daß er seinen Vater niemals wiedersehen würde. Und seltsamerweise, obwohl er über dreißig Jahre eine Familie gehabt hatte, hat er sich plötzlich wie ein Waisenkind gefühlt.

Er fand den Grabstein seines Vaters, eine kleine, sehr bescheidene Ausführung, neben dem seiner Mutter. Das gab ihm Anlaß zu dem tröstlichen Gedanken, daß zumindest seine Mutter und sein Vater, die zu Lebzeiten unzertrennlich gewesen waren, nun auf gewisse Weise wieder zusammen waren.

Er legte den kleinen Blumenstrauß auf seines Vaters Grab. Aber dann stellte er fest, daß er es an Respekt oder zumindest an Zärtlichkeit gegenüber seiner lieben dahingegangenen Mutter mangeln ließ. Er teilte den Strauß in zwei Teile und legte die eine Hälfte auf ihr Grab.

»Hallo, Dad«, sagte er laut. »Ich hoffe, es geht dir gut. Mir geht es ganz großartig. Wie du sehen kannst, läuft es bei mir richtig gut. Oh, klar, ich sitze im Rollstuhl, und vielleicht bin ich für den Rest meines Lebens gelähmt; außerdem haben Rachel und ich uns getrennt... Du weißt ja, wie das ist: Nach ein paar Monaten wird man der Routine überdrüssig, und es gibt so viele andere Frauen, die hinter mir her sind. Zum Glück habe ich einen schnellen Rollstuhl! Ich überlege, ob ich einen Motor, einen kleinen Turbo, einbaue, damit kann ich dann meine Fans und die ganzen Fotografen beeindrucken, die die ganze Zeit hinter mir herjagen...

Was meine Arbeit betrifft, die Dinge könnten nicht besser stehen. Ich mußte meine Agentur schließen, weil es so viel zu tun gab, daß ich keine Zeit hatte, meine Drehbücher zu schreiben. Und dann all diese Hollywoodproduzenten, die mir die Tür einrennen, damit ich Verträge unterschreibe, und mir Tausende von Dollar Vorschuß zahlen. Wie du also sehen kannst, das Leben ist schön, und ich dachte, ich sollte kommen und mit dir feiern.«

Er zog die Flasche Cognac und einen kleinen Plastikbecher aus seiner Tasche, füllte ihn bis zum Rand und hob ihn hoch in die Luft. »Auf deine Gesundheit, Dad, wo immer du sein magst!«

Er leerte den Becher in einem Zug und warf ihn gedankenverloren zur Seite. Gerade wollte er die halbleere Flasche fortschleudern, als er seine Meinung änderte, da er eine ziemlich eigenwillige Idee hatte. Er blickte um sich, um zu sehen, ob noch andere Besucher auf dem Friedhof waren, dann dachte er: ›Zur Hölle, auch wenn welche da sind, ich bin hier allein mit meinem Vater, allein auf der Welt.‹ Er rollte seinen Stuhl näher an den Grabstein heran und streckte seine Hand aus, um ihn zu berühren. Dabei fürchtete er sich ein wenig, als könne der Tod irgendwie ansteckend sein. Er gewöhnte sich schnell an den glatten, kalten Kontakt des Steines, und schüttete mit der anderen Hand den Rest des Cognacs über seines Vaters Grabstein, als hielte er ein Taufritual ab.

»Für dich, Dad. Ich weiß, du hättest das genossen, obwohl es ›On The Rocks‹ ist, und niemand trinkt Cognac auf Eis, besonders du nicht.«

Er lachte nervös und vergoß dann eine Träne, als der ganze Kummer, den er seit Monaten zu unterdrücken suchte, auf einmal in ihm hochstieg und ihn überflutete.

Eine seltsame Szene ging ihm durch den Kopf, etwas, das bei seinem Aufenthalt im Herrenhaus des alten Millionärs vorgefallen war. Während einer Unterhaltung, die sie beim Mittagessen geführt hatten, versuchte der Millionär zu erklären, daß das Leben vollkommen war, daß alles, was geschah, vollkommen war. John hielt dagegen, daß sein Vater diese Welt zu früh verlassen hatte.

»Zu früh für wen?« forschte der alte Mann nach.

»Für mich«, entgegnete John ein wenig verwirrt.

»Er ging zur rechten Zeit. Allen Lebewesen ist, sogar noch bevor sie geboren sind, ein bestimmter Augenblick zugewiesen, in dem sie diese Ebene der Existenz zu verlassen haben. Er hat vollendet, wofür er hier war und was anderswo von ihm erwartet wurde, damit er eine neue Stufe seines Lebens erklimmen konnte. Sie werden die Gelegenheit haben, ihn wiederzutreffen, in neun Jahren ...«

»In neun Jahren?« fragte John verblüfft. Er dachte sofort, daß der alte Mann meinte, er würde in neun Jahren sterben, da das für ihn der einzige Weg war, seinem Vater wiederzubegegnen.

»Sie werden ihm seine Krawatte zeigen ...«

John griff nach seiner Krawatte, jener, die er nach seines Vaters Tod an sich genommen hatte. Es war das zweite Mal, daß der exzentrische Gärtner auf die Krawatte anspielte. Das erste Mal war es passiert, als er John auf der Caféterrasse getroffen und erwähnt hätte, wie sehr er sie bewundere. Hatte er erraten, daß die Krawatte Johns verstorbenem Vater gehört hatte?

Er hatte keine Zeit zu fragen, da der Millionär sagte: »Folgen Sie mir, ich möchte Ihnen etwas zeigen.«

Er führte ihn zu der prächtigen Haupttreppe. Dort hielt er vor dem Porträt von Jesus und begann zu sprechen: »Genau wie der König der Könige sagte, daß es viele Räume im Hause seines Vaters gebe, so sind Ihr Leben und das Ihres Vaters nur Augenblicke Ihres wahren Lebens.

Sie erkennen das nicht, weil Sie schlafen. Darum haben alle Weisen der Geschichte den Menschen gesagt, sie sollen aufwachen. Erwachet und betet, sprach Jesus. Wenn durchschnittliche Menschen einen neuen Körper erhalten, lassen ihre Führer sie ihre vergangenen Leben vergessen, damit sie in ihrer neuen Inkarnation davon nicht durcheinandergebracht werden.

Aber einige Menschen können sich an alles erinnern, was sie gewesen sind, an alles, was sie erlebt haben. Sie wissen auch, daß das Leben ewig ist, daß zehn oder zwanzig Jahre nichts sind im Vergleich zur Zeitspanne des wahren Lebens, und dieses Wissen verleiht ihnen unendliche Geduld. Sie beurteilen Zeit nicht auf die gleiche Art wie durchschnittliche Menschen, die beim ersten Anzeichen von Problemen entmutigt werden und nicht einmal ein Jahr abwarten können, geschweige denn fünf oder gar zwanzig Jahre, bis sie die Früchte ihrer Anstrengungen ernten können.

Weiter entwickelte Menschen handeln mit der inneren Gewißheit, daß sie nicht nur ihr ganzes Leben vor sich haben, sondern darüber hinaus Dutzende von zukünftigen Leben. Darum offenbaren manche Genies ihre Talente in solch frühem Alter. Sie haben sich nämlich auf ihre gegenwärtige Inkarnation in ihrem vergangenen Leben vorbereitet, ja manchmal über eine ganze Reihe von vergangenen Leben.«

»Und mehr als das«, fuhr der alte Mann fort, »Menschen, die auf dem Weg schon weit fortgeschritten sind, sind mit großer Geduld ausgestattet und leben jeden Tag mit gewissem Abstand. Wie ein Schauspieler, der seine wahre Persönlichkeit nicht mit der Rolle verwechselt, die er spielt. Er weiß, daß das Ziel von allem, was er tut, letztlich darin besteht, sich selbst fortzuentwickeln, sein inneres Selbst zu vervollkommnen. Auch wenn er anscheinend die Früchte seiner Arbeit nicht in dieser Lebenszeit erntet, gewinnt er deshalb trotzdem, weil sein Wesen einen Wandel durchlaufen hat. Alchimisten scheinen nach außen hin an der Umwandlung von Blei zu Gold zu arbeiten, ihre wahre Arbeit ist jedoch die Entfaltung der Seele, der Übergang von Alt nach Neu.

Dieses erleuchtete Wissen schenkt ihnen Freiheit und nimmt ihnen alle Angst vor dem Tod. Indem sie jeden Tag das vollbringen, was ihre Aufgabe ist, ohne sich um eine Belohnung für ihr Handeln zu kümmern, obwohl sie sich mit Herz und Seele hingeben mögen, sind sie jeden Tag, jeden Moment bereit zu gehen. Sie wissen, daß ihre Mission, die im Grunde immer die gleiche ist – das eigene, wahre Selbst zu entfalten und anderen dabei zu helfen, sich zu vervollkommnen – dann an einem anderen Ort, mit anderen Begleitern erfüllt werden muß. Das wahre Leben ist unermeßlich, zehntausendmal gewaltiger als jeder Begriff, den Sie davon gegenwärtig haben mögen.«

Er verfiel in Schweigen und führte John hinüber zu einem Paar gewaltiger Doppeltüren, weiß und goldfarben bemalt. Er öffnete sie, und ein großer, vollkommen leerer Raum ohne Möbel und ohne Teppiche tat sich vor ihnen auf. Er wurde von einem riesigen kreisrunden Oberlicht erhellt, einer Kuppel aus Buntglas, in der verschiedene Rosensorten dargestellt waren.

Die beiden Männer durchquerten den Saal, und der Millionär hielt vor einer massiven schwarzen Tür an, deren Goldgriff wie eine Schlange, die sich in den eigenen Schwanz biß, geformt war. Es handelte sich um das alchimistische Symbol der Vollendung, der Selbstgenügsamkeit und der Rückkehr zur himmlischen Wohnstatt, die, oft vergessen, im Herzen aller menschlichen Wesen angesiedelt ist.

Der Millionär drehte den Griff, stieß die Tür auf und bat John einzutreten. Dahinter sah es aus wie in einer riesigen Garderobe, ja, wie in einem begehbaren Schrank. John ging schüchtern ein paar Schritte hinein und fand zu seiner großen Überraschung seine eigenen Kleider.

Er berührte ein Jackett, ein altes marineblaues mit Goldknöpfen, und erkannte es als sein eigenes. Er hatte ein Jahr zuvor aufgehört, es zu tragen, weil es fadenscheinig geworden war, durch steten Gebrauch praktisch verschlissen. Unter anderem weil er soviel Geld dafür ausgab, in Restaurants zu essen, war es eine Gewohnheit, schon eine Besessenheit von John, hartnäckig an seinen Kleidern zu hängen. Ungefähr so wie andere Leute an ihren Hunden. Er rangierte sie nur aus, wenn es absolut nicht mehr zu vermeiden war.

Ein Schauer rann ihm den Rücken hinunter. Das geschieht unweigerlich, wenn Menschen sich einem Phänomen gegenüberfinden, das nicht nur seltsam ist, sondern auch enthüllt, was wir wirklich sind. Dahinter finden wir einen flüchtigen Eindruck von diesem beunruhigenden, wenn auch wesentlichen Aspekt unseres Seins, den wir so leichtfertig vernachlässigen, weil er nicht angesagt ist – eine bewußte Wahrnehmung unserer eigenen Seele.

Wie kam es, daß dieses alte Jackett hier war? Noch ein Geheimnis, das er nicht erklären konnte. Aber alles in diesem Haus war merkwürdig. Und es gab noch eine Überraschung, denn hinter dem Jackett war noch eines, eines aus braunem Wildleder, das er mit sechzehn so gerne angezogen hatte.

Er fiel in eine Art Trance, als er den Anzug entdeckte, den er bei seiner Erstkommunion getragen hatte, und dahinter einen Pyjama, den seine Mutter ihm zu seinem ersten Geburtstag genäht hatte. An ihn konnte er sich mittels einer Fotografie erinnern, die er von sich in diesem Alter gesehen hatte.

Er fand noch mehr Kleidungsstücke, die er allerdings nicht erkannte. Sie schienen viel älter, als ob sie seinem Vater gehört hätten, als er jung war. Obwohl John nicht viel über Mode wußte, schätzte er, daß sie aus den Zwanzigern kamen. Dann erblickte er eine leuchtendrote Pagenuniform im Stil der Renaissance, neben der eine schwere braune Soutane hing, die aussah, als hätte sie einem Franziskanermönch des Mittelalters gehört.

Dieser folgte eine Reihe von Kleidern aus fast allen Jahrhunderten, fast wie ein Schnellkurs über die Modegeschichte der Zeitalter. Die Sammlung schloß mit einer wundervollen weißen Leinentunika, die aus der Zeit von Christus zu stammen schien.

John war immer noch wie betäubt und hatte keine Ahnung, worum es ging – obwohl ein Teil von ihm es erraten konnte. Er wandte sich an den alten Millionär, um eine Erklärung oder wenigstens einen Hinweis darauf zu erhalten, was der Schrank und sein Inhalt bedeuteten. Dann sagte der alte Millionär etwas, das einen Schock der Einsicht, einen goldenen Strahl wahren Verstehens durch Johns gesamtes Sein sandte.

»Du hast all diese Kleider getragen.«

Kapitel 18

*In welchem der junge Mann die Kraft entdeckt,
die in einem festen Ziel liegt*

John konnte keinen besseren Weg finden, sich zu trösten und seine Sorgen zu vergessen, als sich wieder in seine Arbeit zu stürzen. Innerhalb eines Monats vollendete er eine neue Version seines Drehbuchs. Unglücklicherweise mochte Steve, der Angestellte aus dem Videoladen, der schon Johns ersten Versuch so streng beurteilt hatte, den zweiten Entwurf ebenfalls nicht, was Johns Selbstvertrauen tief unterminierte.

Ganz entschieden hatte er da etwas angefangen, das viel schwieriger war, als er gedacht hatte. Es war von ihm vermessen gewesen, zu glauben, daß er nur anfangen müsse zu schreiben, um Drehbuchautor zu werden. Wie jemand, der denkt, er sei Mathematiker, nur weil er die Positionen auf einem Kassenzettel zusammenzählen kann! Es war ihm nach Aufgeben zumute, danach, zur Gladstone-Agentur zurückzukehren und dort um seinen alten Job zu bitten. Immerhin war er jahrelang ein brillanter und loyaler Angestellter der Firma gewesen.

Natürlich hatte er nicht unter den besten Umständen gekündigt, war ohne Vorankündigung gegangen und hatte seinen Chef einen wichtigen Kunden verlieren lassen. Aber es bestand immer eine Chance, daß Gladstone den Zwischenfall schon vergessen hatte und bereit sein würde, alles zu vergessen. John hatte seine Unterlagen geprüft und festgestellt, daß es mit seinen Finanzen nicht gerade zum besten stand.

Wenn er seinen Gürtel enger schnallte, konnte er noch drei oder vier

Monate, höchstens fünf, durchhalten. Er lernte jetzt eine Art Furcht kennen, der er als regelmäßig bezahlter Angestellter niemals ausgesetzt gewesen war; nämlich buchstäblich Hungers zu sterben, aus seinem Apartment geworfen zu werden, weil er die Miete nicht zahlen konnte, und, das Schlimmste von allem, seinen geliebten Mustang zu verlieren.

Aber dann rief er sich wieder die Langeweile und die Höllenqualen in Erinnerung, die er erlebt hatte, als er bei Gladstone arbeitete, und sagte zu sich, daß er alles tun würde, was ihm möglich war, um zu vermeiden, dorthin zurück zu müssen. Ein anständiges Drehbuch zu schreiben konnte auch nicht schwieriger sein als alles andere! Er hatte eine Menge Geschichten gelesen über Leute, die bei ihrem ersten Versuch Erfolg hatten. Zum Beispiel die Kellnerin aus Los Angeles, die es fertiggebracht hatte, ihr erstes Drehbuch für zweihundertfünfzigtausend Dollar an Michael Douglas zu verkaufen. Es wurde schließlich der Kassenschlager: *Auf der Jagd nach dem grünen Diamanten.*

Also war es machbar. Er vermutete, daß er nur nicht auf die richtige Weise vorging. Er saß behaglich auf seiner Lieblingscouch, einer Antiquität, die er in einem Secondhandladen gekauft hatte, und meditierte über diese Fragen. Um ihn herum lagen die verstreuten Seiten seines zweiten Versuchs, die er entmutigt von sich geschleudert hatte. Er erinnerte sich an die erstaunliche Szene im Hause des Millionärs, als dieser darüber gesprochen hatte, wie wichtig es ist, sich Ziele zu setzen.

Die beiden Männer waren am Strand, der den Rosengarten des Millionärs an einer Seite begrenzte.

»Wieviel Geld haben Sie vor, mit Ihrem ersten Drehbuch zu verdienen?«

»Ich weiß nicht«, antwortete John, der die Frage sehr nüchtern fand.

»Das ist ein Fehler.«

»Wie kann ich wissen, wieviel ich verdienen werde, wenn ich es erst verkaufen muß?«

»Auf diese Weise werden Sie es nie zu Großem bringen. Sie müssen damit anfangen, sich selbst ein präzises Ziel zu setzen – in diesem Fall, eine bestimmte Geldsumme. Dann lassen Sie Ihre inneren Kräfte arbeiten und sich von Ihrem Verstand leiten. Bevor man sich auf eine Reise begibt, legt man deren Ziel fest. Wenn nicht, wird man irgendwo enden, aber sicher nicht da, wo man hinwill. Also sagen Sie mir: Wieviel beabsichtigen Sie zu verdienen, wenn Sie Ihr erstes Drehbuch verkaufen?«

»Ich weiß nicht. Zehntausend Dollar vielleicht?«

Der Millionär lachte laut.

»Wir müssen wirklich noch eine Menge an Ihnen arbeiten. Strengen Sie sich an. Nennen Sie eine wesentlich überzeugendere Summe.«

»Ich weiß nicht. Wie wäre es mit fünfundzwanzigtausend?«

»Kommen Sie schon, haben Sie keine Angst davor, groß zu denken. Wollen Sie Millionär werden oder nicht?«

»Hunderttausend Dollar?«

»Gut, das ist schon besser. Aber warum nicht zweihundertfünfzigtausend?«

»In Ordnung, zweihundertfünfzigtausend.«

»Denken Sie wirklich, daß Sie soviel verdienen können?«

»Ja, nun, was ich meine, ist ... Ich weiß, es ist nicht unmöglich, da einigen Leuten soviel für ihr erstes Drehbuch gezahlt worden ist, manchmal sogar mehr.«

»Und wieviel Zeit wollen Sie mit dem Schreiben dieses Drehbuchs verbringen?«

»Ich habe nicht darüber nachgedacht. Ist das wirklich so wichtig?

Mit der Inspiration ist das so eine Sache. Ein Drehbuch ist nichts, was man in ein paar Wochen schreibt. Man muß die Geschichte eine Weile reifen lassen.«

Wieder einmal brach der Gärtner in sein unnachahmliches Lachen aus. Er klang wie ein Teenager, der gerade den lustigsten Witz der Welt gehört hat.

»Sie haben wirklich einen großartigen Sinn für Humor«, sagte er, als sein lebhaftes Lachen schließlich verebbte. Er machte eine Pause, dachte einen Augenblick nach und sagte dann: »Ich werde eine Wette mit Ihnen abschließen.«

»Eine Wette?«

»Ja. Sehen Sie den Sonnenschirm da unten?« fragte er und deutete auf einen blau-goldenen Strandschirm – ungefähr siebzig Meter den Strand hinunter – der ein älteres Paar vor den Sonnenstrahlen schützte.

»Ja.«

»Ich wette, ich kann ihn schneller erreichen als Sie.«

»Sie wollen mit mir ein Wettrennen machen?«

»Genau.«

»Aber ich ... Ich meine, ich respektiere Sie sehr, aber, nun, ich bin viel jünger als Sie und ...«

»Ich fragte nicht, wie alt Sie sind, ich fragte, ob Sie mit mir wetten wollen. Sie haben Angst zu verlieren, nicht wahr?«

»Nein«, erwiderte John ungehalten. »Also, wenn Sie das wirklich machen wollen ...«

»In Ordnung, um wieviel wetten wir? Tausend Dollar?«

John schluckte schwer. Er hatte nicht erwartet, daß der Wettbetrag so hoch sein würde. Aber er war in der Gesellschaft eines Millionärs, und man sagt ja: Wenn du in Rom bist ...

»Gut, geht klar«, bestätigte er.

Der Millionär führte ihn zu einer kleinen, lustig rot und weiß angemalten Strandkabine, wo Besucher in ihre Badeanzüge schlüpfen konnten. Sie enthielt eine Reihe Schwimmwesten, Surfbretter, Paddel, Sonnenschirme und so weiter; eben alles, was seine Gäste brauchten, um am Strand Spaß zu haben. Er öffnete die Tür, die kein Vorhängeschloß hatte, und zog ein Paar lange Stelzen heraus, die er dann für einen Mann seines Alters mit erstaunlicher Behendigkeit bestieg. Bevor er das tat, rollte er seine Hosenbeine bis zu den Oberschenkeln auf und enthüllte dabei seine schönen muskulösen Beine, die kein Gramm Fett oder Krampfadern aufwiesen – ja sogar völlig frei von irgendwelchen natürlichen Spuren des Alterns waren.

»Ich bin soweit«, erklärte er.

»Aber ... ich dachte nicht ...«, begann John zu protestieren, als er erkannte, daß der alte Gärtner vorhatte, die Stelzen beim Wettlauf zu benutzen. Aber dann änderte er seine Meinung. Mit oder ohne Stelzen, kein Siebzigjähriger konnte einen Mann seines Alters, auf der Höhe seiner körperlichen Kraft, schlagen.

»Gibt es ein Problem?«

»Nein, kein Problem«, entgegnete John. »Es kann losgehen.«

»Auf die Plätze, fertig ... los!« gab der Millionär fröhlich das Startkommando.

Und das Rennen begann. Der alte Mann setzte die Stelzen mit unglaublichem Geschick ein und schwang sich über den Sand, als würde er auf einem riesigen Zirkel reiten. Zunächst ließ es John überrascht zu, daß er zurückblieb, obwohl er zuversichtlich war, daß er den alten Mann ohne große Mühe einholen könne. Er beschleunigte und erkannte dann, daß auch der Millionär jetzt schneller ging. Er war bereits zehn

Meter voraus. Was John nicht einkalkuliert hatte, war die Nachgiebigkeit des Sandes – seine Füße sanken bei jedem Schritt ein, so daß er nicht fest Tritt fassen konnte. Er merkte, daß er seine ganze Energie nur dafür verbrauchte, daß er in Bewegung blieb, während der Millionär den Strand entlangzufliegen schien. Verdrossen und wütend, stolperte John und fiel hin. Er schaffte es, wieder auf die Füße zu kommen, und rannte, so schnell er konnte, aber es nützte nichts – er überschritt die durch den blau-goldenen Sonnenschirm gekennzeichnete Ziellinie als Zweiter.

Noch auf seinen Stelzen, drehte sich der Millionär um und sah John breit lächelnd ins Gesicht. Er war nicht ein bißchen außer Atem, während John dastand und heftig nach Luft schnappte.

»Tausend Dollar«, sagte der Millionär, sprang von den Stelzen und schulterte sie. »Sie schulden mir tausend Dollar.«

»Ich bin nicht sicher ... Ich ...«, stammelte John, während er seine Taschen durchsah.

»Das ist in Ordnung, Sie können es mir später geben.«

Als sie zur Strandhütte zurückkehrten, um die Stelzen wieder hineinzustellen, erklärte der Millionär: »Ein Ziel ist wie dieses Paar Stelzen. Sie ermöglichen es einem Mann meines Alters, einen Wettlauf gegen jemanden, der so jung ist wie Sie, zu gewinnen. Die meisten Menschen machen nur Gebrauch von einem winzigen Teil ihrer wahren Möglichkeiten. Wenn Sie ein hochgestecktes Ziel haben, können Sie sogar Ihre eigenen Erwartungen übertreffen. Denken Sie daran bei allem, was Sie unternehmen.

Aber vergessen Sie nicht, daß jedes Ziel auf zwei Säulen ruht, genauso wie ich mit nur einer Stelze das Rennen nicht hätte gewinnen können. Sie müssen einen Betrag festlegen – *und* einen Zeitpunkt, bis zu dem Sie ihn erhalten haben wollen. Wenn Sie das nicht tun, ist es, wie wenn Sie mitten auf einem See in einem Boot sitzen und mit nur einem Paddel auf immer der gleichen Seite rudern. Sie können sich mit Ihrer ganzen Kraft ins Zeug legen und alle guten Absichten dieser Welt haben, trotzdem drehen Sie sich immer nur im Kreis. Schließlich hängen Sie nur noch herum und kümmern vor sich hin. Aber Menschen, die ein klares und genau festgesetztes Ziel haben, mit einem Betrag, den sie zu verdienen wünschen, und einem Zeitpunkt, bis zu dem sie ihn erhalten wollen, werden stets in Richtung ihres Vorhabens fortschreiten. Sogar wenn sie vielleicht weniger talentiert, weniger fleißig und weniger gebildet sind als Sie. Und Sie werden sich, wie viele andere, fragen, wie diese Menschen so weit kommen konnten. Dies ist die Magie, die einem gesetzten Ziel innewohnt, und die Kraft jener, die groß denken.«

Er ließ sich auf ein Knie hinunter und schrieb den Betrag, den sie für den zukünftigen Verkauf von Johns Drehbuch festgelegt hatten, in den Sand: »$ 250.000«

»Jetzt Sie«, sagte er. »Schreiben Sie die Zeit auf, die Sie sich selbst zugestehen wollen, um Ihr Ziel zu erreichen.«

John dachte einen Augenblick nach; dann beugte er sich hinunter und schrieb »drei Monate«.

»Nein«, berichtigte ihn der Millionär, »Sie müssen ein Datum bestimmen. Ein genaues Datum ab jetzt in drei Monaten.«

John überschlug es schnell, dann wischte er »drei Monate« aus und schrieb statt dessen ein Datum hin.

Der Millionär blickte ihm zufrieden über die Schulter, als ob John gerade etwas wirklich Wichtiges vollbracht hätte, dann zeigte er auf die See und sagte: »Nun müssen Sie Ihr Ziel morgens und abends wiederholen, so oft, wie die Wellen über den Sand spülen. Denn das Leben läßt uns unsere Ziele vergessen, so sicher wie der Wind das auslöschen wird, was wir gerade in den Sand geschrieben haben. Das ist der beste Weg, Ihr Ziel zu einem Teil Ihrer selbst werden zu lassen. Auf diese Weise teilen Sie es Ihrem Unterbewußtsein mit, das sich nun seinerseits, von Ihren Befehlen genährt, an die Arbeit macht. Sie werden staunen über die Kraft, die Ihre Ihnen innewohnende Weisheit zur Verfügung stellt, sobald Sie ihr klare und eindeutige Anweisungen geben.«

»Ich werde daran denken«, versprach John.

Die beiden Männer schwiegen einen Augenblick. Als sie sich umdrehten und ihre Blicke übers Meer schweifen ließen, hörten sie Schreie, die vom Wasser herkamen. Es klang nach einem jungen Mädchen in Not, ungefähr dreißig Meter vom Ufer entfernt. Ohne einen Moment zu zögern, schritt der Millionär zur Tat. John folgte kaum eine Sekunde später. Er war überrascht, daß der alte Mann sogar ohne Stelzen keine Schwierigkeiten hatte, schneller zu laufen als er. Seine kräftigen Beine bewegten sich im mühelosen Rhythmus eines Athleten.

Er kam lange vor John zum Wasser und stürmte, so schnell er konnte, durch die Brandung, warf sich hinein und schwamm zu dem ertrinkenden Mädchen. Er faßte es von hinten und paddelte in kraftvollen Zügen zurück zum Ufer. Die Bewußtlose legte er auf dem Sand ausgestreckt hin. Da sie nicht atmete, ergriff er sofort Erste-Hilfe-Maßnahmen, preßte in regelmäßigen Abständen ihren Brustkorb hinunter und ließ dann los. Nach ein paar Sekunden begann das Mädchen zu husten und Wasser zu spucken, bis es schließlich seine Augen öffnete und erkannte, daß es gerettet worden war.

Ein paar Zuschauer, unter ihnen die Eltern des Mädchens, eilten herbei, aber sobald er sah, daß er nicht mehr gebraucht wurde, stand der Millionär auf und sagte zu John: »Kommen Sie, wir wollen gehen«, und marschierte forschen Schrittes davon, wobei er beim Gehen seine Hosenbeine hinunterrollte. John sagte nichts und folgte ihm, wieder einmal die verblüffend muskulösen, athletischen Beine seines Mentors bewundernd.

»Sie haben ihr das Leben gerettet.«

»Es wird gesagt, wenn man ein Leben rettet, rettet man die ganze Menschheit. Ja, das ist schon etwas«, sagte der Millionär. »Aber noch großartiger ist es, jemanden zu befreien, so daß er nicht hierher zurückkehren und wieder sterben muß. Das ist der Weg der meisten Menschen. Durch das Befreien einer Person befreit man die ganze Menschheit. Ist ein Mensch erst mal frei, dann ist es seine oder ihre dringende, bedingungslose und unvermeidbare Pflicht, vor dem Verlassen der Erde jemand anderen zu befreien. Dessen Pflicht wird wiederum die gleiche sein, und so weiter, und so fort. Die ganze reale Geschichte besteht, wie Nietzsche sagt, nur aus einer Reihe von Zufallspfaden, die von der Natur in ihrem Streben, ein großes menschliches Wesen zu erschaffen, eingeschlagen werden. Durch sie hindurch webt sich ein goldener, seit undenklichen Zeiten von einem Eingeweihten zum anderen weitergereichter, ungerissener Faden. Er ist die wahre Geschichte im Gegensatz zu dieser anderen, die nur eine traurige Aneinan-derreihung von Kriegen und sinnlosem Elend ist.«

Eine Frage beschäftigte John, seit er den alten Millionär das erste Mal getroffen hatte. Das, was gerade vorgefallen war, vergrößerte nur seine Neugier, so daß er endlich damit herausrückte und fragte: »Wie alt sind Sie genau, wenn Sie meine Frage nicht stört.«

»Wie alt, denken Sie, bin ich?«

»Ich weiß nicht. Wenn ich nach der Art urteilen müßte, wie Sie rennen ... Ich meine, Sie brauchten diese Stelzen nicht, um mich zu schlagen.«

»Ich habe mir selbst ein Handikap eingebaut, da ich einen Dreißigjährigen wie Sie nicht demütigen wollte.«

»Also, wie alt sind Sie?«

»Sie werden mir möglicherweise nicht glauben, aber ich bin hundertzwei.«

»Hundertzwei? Das ist nicht möglich.«

»Bei dem Bergvolk, von dem ich abstamme, gelte ich noch als junger Mann. Sehen Sie, meine Brüder haben das Geheimnis der Jugend entdeckt. Die Gesellschaft stopft unsere Köpfe mit allen möglichen falschen Informationen über Alter und Jugend voll. Die Menschen sind genetisch so programmiert, daß sie hundertzwanzig werden können. Aber wir sind gewöhnt zu denken, daß ein Mensch mit sechzig schon alt ist, obwohl er oder sie in der Blüte seines oder ihres Lebens stehen sollte. Was Leute verfrüht altern läßt, ist die Tatsache, daß sie weder in der Gegenwart leben noch ihr Leben mit Liebe füllen. Menschen, die alle Wesen und alles, was ihnen geschieht, lieben, die sich nicht um die Zukunft kümmern oder die Last der Vergangenheit nicht auf ihren Schultern tragen, altern nicht im richtigen Sinn des Wortes. Sie werden nicht von Krankheiten befallen, weil sie in Harmonie leben. Denn Krankheit ist nur eine Botschaft, die uns gesandt wird, wann immer unsere innere Harmonie durch falsche geistige Einstellungen gestört ist. Denken Sie darüber nach. Versuchen Sie, sich den letzten Tag in Erinnerung zu rufen, an dem Sie keinen negativen Gedanken gehabt haben, keinen Haß auf irgendwen. Sie müssen wachsam sein und jeden derartigen Gedanken in Gedanken der Liebe umwandeln. Werden Sie wieder ein Kind, heißen Sie andere mit offenen Armen willkommen, ohne Vorurteil, ohne Haß.

Natürlich gibt es noch andere Faktoren, die dazu führen, Menschen vor der Zeit altern zu lassen. Wenn man zum Beispiel doppelt soviel ißt, wie man sollte, zehnmal weniger atmet, wie man sollte, und seinem wahren Vermögen gestattet, untätig zu bleiben.«

Die beiden Männer gingen an einer Gruppe Kinder vorbei, die fleißig eine Sandburg bauten. Der alte Mann verlangsamte seinen Schritt und beobachtete sie. Sie schienen im Team zu arbeiten: Einige bauten Türme, andere stapften mit Eimern voller Wasser vom Meer zurück, um die Gräben zu füllen, die die Burg vor erfundenen Angreifern schützten.

»Wenn Menschen den Tod mehr als alles andere fürchten, dann einfach nur deshalb, weil sie in ihrem ganzen Leben niemals wirklich glücklich waren, nicht einmal für einen einzigen Augenblick. Todesangst entspringt aus dem Wunsch, wahres Glück wenigstens einmal zu erfahren, bevor man die Erde verläßt. Und warum sind diese Menschen so unglücklich? Weil sie, wie diese Kinder, ihre Tage damit verbringen, Sandburgen zu bauen, nur um am nächsten Morgen erstaunt festzustellen, daß das Meer die Früchte ihrer Arbeit weggespült hat. Machen Sie nicht denselben Fehler. Wenden Sie sich nach innen, entdecken Sie Gott in Ihrem Herzen und in den Herzen von allen, denen Sie begegnen.«

Als sie die Strandhütte erreichten, suchte John nach der Stelle, wo er und der Millionär sein Ziel in den Sand gezeichnet hatten. Das von John geschriebene Datum war verschwunden, restlos weggefegt vom Wind. Der vom Millionär geschriebene Betrag hingegen war rätselhafterweise noch immer mühelos lesbar.

Kapitel 19

*In welchem der junge Mann über das Leben nachdenkt,
das er verloren hat*

Obwohl sich seine finanziellen Rücklagen rasch verringerten, wollte John ein paar Tage freinehmen, bevor er sich an einen neuen Entwurf seines Drehbuchs machte. Seine Nerven waren angeschlagen, überdreht von den endlosen Stunden Kopfarbeit, die er in sein Werk hineingesteckt hatte.

Während der Phase relativer Muße, die er genoß, bevor er sich die Last literarischer Schöpfung wieder aufhalste, entschied er, daß er Rachel ein für allemal aufgeben mußte, daß seine Unentschlossenheit und Reue ihn umbrachten. Schweren Herzens machte er sich daran, ein kleines Ritual zu vollziehen, indem er all die kleinen Dinge auf der Kommode anordnete, die ihn an sie, an ihre Liebe, erinnerten: ihr Porträt, die beiden Schecks, die sie nie eingelöst hatte, ihre goldene Brosche, ihr Verlobungsring. Er lauschte ein letztes Mal andächtig »Unforgettable«, als sei es eine Hymne, und zerbrach dann die CD.

Nach und nach gelang es ihm, nicht mehr ganz soviel an sie zu denken. Am Ende eines arbeitsreichen Nachmittags stellte er überrascht fest, daß zwei volle Stunden vergangen waren, seit er das letzte Mal an sie gedacht hatte. Bald glaubte er, daß er über sie hinweg war, bis er bei einer Taxifahrt Gloria Estefan mit ihrer warmen, kehligen Stimme »Here We Are« singen hörte. Die Wunde in seinem Herzen riß wieder auf, als er sich mit Rachel zum gleichen Lied tanzen sah, auf der Terrasse des El Campanario Hotels mit seinem großartigen, am Berg gelegenen Restaurant, von dem aus man die Bucht von Acapulco überblickte.

Und er erkannte, daß er sich selbst zum Narren gehalten, daß er sie nicht vergessen hatte und daß er es möglicherweise niemals tun würde.

»Wohin, Kumpel?« fragte der Taxifahrer zum zweiten Mal. Er schaute in den Rückspiegel, sah Johns Augen, die voller Tränen standen, und schloß daraus, daß sein Passagier unter einer Art Droge stehen mußte.

»Irgendwohin. Manhattan«, antwortete John. »Ich will mich nur umsehen.«

Von der Brooklyn Bridge sah er die glitzernden Wolkenkratzer entlang der New Yorker Skyline. Eine Aussicht, die ihn normalerweise faszinierte, nun aber kalt ließ. Ihm wurde klar, daß es ein furchtbarer Fehler gewesen war, Rachel gehen zu lassen. Er dachte, daß er nicht nur eine außergewöhnliche Frau und eine gefühlvolle und erfinderische Geliebte verloren hatte, sondern auch die Frau, die die vollkommene Mutter seiner lang ersehnten Kinder und der ideale Lebenspartner für ihn selbst gewesen wäre.

Während er in seinem Taxi durch Manhattan fuhr, dachte John über die Leere seines gegenwärtigen Lebens nach. Er vermißte Rachel so sehr! Alles war so wundervoll gewesen, als sie noch dagewesen war. Sie verlieh allem und jedem, mit dem sie in Berührung kam, Leben. Anders als die meisten Leute, die er kannte, lebte sie aus ihrem Herzen heraus und nicht aus dem Kopf, obwohl sie das nie daran hinderte, ihren sehr hoch entwickelten Intellekt unter Beweis zu stellen.

Rasch traf er eine Entscheidung und bat den Taxifahrer, nach Brooklyn zurückzukehren. Er gab ihm Rachels Anschrift, wies ihn aber an, zuerst bei seiner Wohnung zu halten, damit er den Verlobungsring holen konnte.

Er war fest entschlossen, ihr ein für allemal die Wahrheit zu sagen. Es würde ihr nicht schwerfallen, ihm zu glauben, da seine Behinderung nur allzu offensichtlich war. Und dann würde er sie fragen, ja anflehen, ihn zurückzunehmen, allerdings nur unter der Bedingung, daß es nicht aus Mitleid geschah, weil er gelähmt war. Vielleicht würde er mit ihr und ihrer ungeheuren Fähigkeit zu lieben seine Gesundheit wiedererlangen. Hatte sein Arzt nicht gesagt, daß eine Besserung möglich war, obwohl er nicht voraussagen konnte, wann es geschehen würde, in einem Monat, sechs Monaten, einem Jahr ...

Mit Rachels Liebe würde er diese Prüfung viel leichter durchstehen, denn bestand nicht sein wahres Unglück, seine einzig wahre Hölle darin, von dem Menschen getrennt zu sein, den er auf der ganzen Welt am meisten liebte?

Er wies den Taxifahrer an, auf der ihrem Wohnblock gegenüberliegenden Straßenseite zu halten und zu warten. Sein Herz klopfte heftig bei dem Gedanken, nicht nur mit Rachel zu sprechen, sondern sie tatsächlich wiederzusehen.

»Sie wissen, daß Sie schon zweiundvierzig Dollar auf dem Taxameter haben?« erkundigte sich der Fahrer, besorgt, daß John seinen Entschluß ändern könnte und ihn um sein Geld prellen wollte. Allerdings glaubte er nicht wirklich, daß sich jemand im Rollstuhl auf und davon machen würde.

»Ich bezahle Sie gleich«, beruhigte ihn John und reichte dem Mann einen Fünfzigdollarschein.

»Schon gut, das müssen Sie nicht tun«, wehrte sich der Fahrer, konnte jedoch seine Erleichterung nur schwer verbergen.

Als John seinen Geldbeutel in die Tasche zurücksteckte, sah er Rachel aus dem Haus kommen. Sie war in Begleitung eines sehr elegant aussehenden Mannes in den Vierzigern – ein Anwalt, gebürtiger Franzose, der seit einigen Jahren in New York praktizierte. Sein Name war Louis Renault. Er hatte Rachel, schon lange bevor sie John traf, den Hof gemacht und ihretwegen sogar seine Verlobung mit einer sehr reichen Witwe gelöst. Und dies, obwohl Rachel, hauptsächlich wegen des Altersunterschiedes – er war fast doppelt so alt wie sie –, es immer höflich abgelehnt hatte, mehr aus der Bekanntschaft zu machen, und ihm statt dessen ihre Freundschaft angeboten hatte.

Als John sie so plötzlich, so unerwartet verlassen hatte, war Louis Renault für sie da. Er bot ihr seine Unterstützung an und war so fürsorglich und gütig, daß sie schließlich ihre Zurückhaltung fallenließ und seinen Annäherungsversuchen nichts mehr entgegensetzte.

John erinnerte sich sofort daran, wie er sie einmal angerufen hatte, aber zu schüchtern gewesen war, etwas zu sagen. Das mußte der Louis gewesen sein, den sie erwähnte und von dem sie dachte, er spielte ihr einen Streich.

John konnte es nicht glauben. Er war empört und schockiert, daß der Mann, den sie bestimmt hatte, seinen Platz einzunehmen, nicht nur soviel älter, sondern auch offensichtlich um einiges reicher war, wenn man von dem Cabrio schloß, in das einzusteigen er ihr so galant half.

Sie hat nicht ein bißchen Zeit verschwendet, dachte John bitter. Aber dann sagte er sich selbst, daß er ein Idiot war, so zu denken, daß schließlich er derjenige war, der sie ohne Vorwarnung verlassen hatte, ohne jede Diskussion. Und nicht nur das, er hatte ihr zur gleichen Zeit gekündigt, was sie furchtbar mitgenommen haben mußte. Sie hatte jedes Recht, ihr Leben wieder aufzubauen, mit wem auch immer sie wollte, ohne sich nach seiner Meinung zu erkundigen. Hatte er sie etwa gefragt, was sie dachte, bevor er sie verlassen, sie hinausgeworfen hatte?

Nein. In einfache Worte gefaßt, war er der Schöpfer seines eigenen Unglücks, und nun erhielt er die bittere Quittung.

Obwohl Rachel nicht mehr ganz so schlank wirkte, hatte sie nichts von ihrer Schönheit eingebüßt. John beobachtete die beiden, wie sie in den Wagen stiegen und wegfuhren. Louis Renault wandte sich ihr zu und mußte etwas Lustiges gesagt haben, denn Rachel brach in Lachen aus und legte eine Hand auf seine Schulter. Eine Geste, die einen weiteren Stich in Johns Herz jagte.

Die Szene war Beweis genug, daß Rachel ein neues Leben begonnen hatte, daß sie gut über ihre Trennung hinweggekommen war. Die Erkenntnis, daß er sie für immer verloren hatte, traf ihn unvermutet wie ein Keulenhieb. Schweren Herzens bat John den Taxifahrer, ihn nach Hause zu bringen.

Kapitel 20

In welchem der junge Mann
den Wert der Beharrlichkeit erkennt

Als er nach Hause kam, legte John den Verlobungsring traurig in die Kommode zurück, wo er alle seine Erinnerungsstücke an Rachel aufbewahrte. Dann setzte er sich vor eine Rose und fing an, die geheimen Formulierungen zu wiederholen, die ihm der alte Gärtner offenbart hatte. Er dachte über ihre Unterhaltung am Strand nach und schloß, daß einer der Gründe, weshalb er beim Schreiben eines guten Drehbuchs gescheitert war, der war, daß er sich nicht selbst ein eindeutiges finanzielles Ziel gesetzt hatte. Das aber war eine wesentliche Voraussetzung dafür, daß er sein Werk später verkaufen konnte.

Nach kurzem Nachdenken setzte er zweihundertfünfzigtausend Dollar an und schloß sie in seine Formulierungen ein, die er bis zum Überdruß wiederholte.

An diesem Abend, als er wieder einmal vor einer Rose saß, konzentrierte er sich und wiederholte hundertmal laut, daß er, bevor drei Monate um waren, beim Verkauf seines Drehbuchs zweihundertfünfzigtausend Dollar verdienen würde. Er achtete darauf, ein bestimmtes Datum zu nennen, um den Fehler zu vermeiden, den er bei seinem Mentor am Strand gemacht hatte.

Er hatte drei statt zwei oder gar einen Monat angesetzt, weil er diesmal unbedingt Erfolg haben wollte. Später, beim Einschlafen, tanzte die astronomische Summe vor seinen Augen. Er flehte sein Unterbewußtsein an, dem er den Spitznamen Sam gegeben hatte, ihn mit der Inspiration zu versorgen, die er brauchte, um einen dritten – und letzten – Entwurf seines Drehbuchs zu schreiben.

Am nächsten Morgen wachte er mit besonders guter Laune auf. Und als er aus dem Bett stieg, schoß ihm plötzlich eine Idee durch den Kopf, vielleicht etwas, das Sam in seinen Kopf gepflanzt hatte, während er schlief: Wenn er ein gelungenes Drehbuch schreiben wollte, sollte er damit anfangen, Drehbücher zu studieren, die sich bereits als erfolgreich bewährt hatten.

Tatsächlich war das einer der Grundsätze, die ihn der alte Mann gelehrt hatte: Erfolg kann durch Nachahmung anderer gelernt werden, indem der Geist durch die Methoden und Grundsätze befruchtet wird, die jene anwendeten, die schon erfolgreich waren.

Er erinnerte sich an die Szene im Rosengarten, als der alte Mann ihm erklärt hatte, wieso die meisten Millionäre erraten hätten, warum eine bestimmte Rose, obwohl am selben Busch, größer war als alle anderen.

Er mußte den Details mehr Aufmerksamkeit schenken, den versteckten Regeln, das würde ihm den Erfolg sichern, den nur eine Handvoll Drehbuchautoren und Regisseure erzielten.

Unvermittelt schoß ihm eine Idee durch den Kopf, und er grinste zufrieden, als er als Quelle seiner inneren Eingebung seinen treu ergebenen inneren Genius, Sam, ausmachte, den er am Abend zuvor um Hilfe angefleht hatte. Er beschloß, die hundert erfolgreichsten Filme der letzten zwanzig Jahre auszuleihen und sie sich alle anzusehen.

»Den Feind ohne Kampf zu besiegen ist die höchste Leistung des Kriegers«, lauteten die Worte Sun Tzus im Testament des Millionärs. Als er sich diese in Erinnerung rief, kam John zu der Überzeugung, daß sein Fehler gewesen war, dem Feind gegenüberzutreten, ohne sich richtig vorbereitet gehabt zu haben. Aber wenn er sich mit den anderen beliebten Filmen, also dem Feind, vertraut machte, konnte er dem Schreiben an seinem Drehbuch eine Richtung geben. Er spürte, daß er mit einem klar festgelegten Plan alles vollbringen konnte.

Er war der erste Kunde im Videoladen um die Ecke und vertraute Steve seinen Plan an. Infolge einer dieser glücklichen Fügungen, die anderen, die nicht an Magie oder die Kraft ihrer innewohnenden Weisheit glauben, als reiner Zufall erscheinen, zog Steve sofort die Ausgabe eines Filmmagazins unter der Theke hervor, die passenderweise gerade eine Liste der hundert besten Kinofilme der letzten zwanzig Jahre enthielt.

John verbrachte die nächsten zwei Wochen damit, sich jeden Tag sieben Filme anzusehen, bis er alle Filme auf der »zufällig« gefundenen Liste durchhatte. Ausgenommen den berühmten Klassiker *Casablanca*, der natürlich älter als der Rest war, aber nach Steves Meinung, die John bald teilte, von unschlagbarer Qualität.

Jeden Tag nahm Steve die sieben Filme zurück, die John studiert hatte, und gab ihm sieben neue. Er war ziemlich erstaunt über Johns Entschlossenheit und sein Bestreben zu lernen.

John lebte tagein, tagaus wie ein echter Einsiedler. Er bestellte Pizza, Grillhähnchen und verschiedene Sandwiches, die er aß, während er wie festgeklebt vor dem Fernseher saß. Doch er schaute sich die Filme nicht nur an, sondern machte sich auch Notizen zu ihnen und analysierte sie.

Wann immer er auf eine Szene reagierte, weil sie ihn zum Lachen brachte oder ihn melancholisch stimmte, fragte er sich, was sein Lachen oder seine Tränen verursacht hatte. Er sah sich eine Szene fünf- oder zehnmal an, bis er verstand, was in ihm vorging, welche Fäden der Regisseur gezogen hatte, um ihn zu erreichen und bei ihm ein in der einen oder anderen Hinsicht bewegendes Gefühl auszulösen.

Je mehr Filme er anschaute, desto deutlicher begann sich ein Muster abzuzeichnen. Er sah Grundsätze, Regelmäßigkeiten, Merkmale, die alle großen Filme miteinander gemein hatten. Natürlich wußte er, daß man nicht nur einer Reihe von Regeln folgen durfte; er mußte brillant, originell, lustig und vor allem mitreißend sein.

Er entdeckte einige allgemeingültige Gesetze des Drehbuchschreibens, die ihm völlig unbekannt gewesen waren, bevor er seine Studien aufgenommen hatte. Der Millionär hatte ganz recht gehabt: Angespornt durch ein bestimmtes Ziel kann ein beobachtender Verstand Dinge erkennen, die von einem anderen, der zerstreut ist oder dem es an Motivation fehlt, übersehen werden. Konzentration – das ist ganz allgemein der Schlüssel zum Erfolg, egal in welche Art von Aktivität ein Mensch verwickelt ist. Sein Herz weitete sich, weil er so sehr unter dem Verlust von Rachel gelitten hatte. Er fing an, mit dem Herzen zu denken, mit seinem Kopf zu fühlen. Er wurde ein Künstler.

Als er seine Studie der hundert Filme beendet hatte, machte er sich an die Arbeit, die dritte Version seines Drehbuchs zu schreiben. Buchstäblich berauscht, fühlte er, wie sich seine Konzentration von Tag zu Tag steigerte. Die Schwere seiner gelähmten Beine schien seinem Geist Flügel zu verleihen, ihn in Höhen der Vorstellungskraft zu tragen, die zu erreichen ihm bisher versagt worden war.

Er erinnerte sich, daß der Millionär einmal darüber gesprochen hatte, wie wichtig es ist, den Körper ruhig zu halten. »Das größte Problem, das die Leute haben«, hatte er gesagt, indem er Pascal zitierte, »ist, daß sie nicht mit sich selbst in einem Raum bleiben können.« John war dabei, die Wahrhaftigkeit dieser Worte für sich selbst zu entdecken, da er die Kraft spürte, die im Herzen der Stille verborgen lag.

Er konnte zeitweise fünfzehn oder zwanzig Minuten in einem Stadium solch tiefer Konzentration verbringen, daß er manchmal erschrak, wenn er schließlich daraus auftauchte. Für eine Weile war er dann so vollkommen von seiner Aufgabe in Anspruch genommen, daß er vergaß, was er gerade tat oder sogar wer er war. Mehr als einmal holte ihn sein nun ständiger Besucher, der blaue Eichelhäher, aus dem Land der Träume zurück, wenn er auf dem Fenstersims landete und seine tägliche Ration Erdnüsse einforderte.

Immer häufiger kamen ihm nun blitzartige Eingebungen. Sein Gedächtnis wurde kristallklar, und er erwarb eine fast halluzinatorische Genauigkeit. Bilder von allem, was in den vergangenen Monaten geschehen war, wie auch Szenen aus der weiter entfernten Vergangenheit passierten mit verblüffender Klarheit vor seinem inneren Auge Revue.

Solche Zustände ermutigten ihn, erfüllten ihn mit unsäglicher Freude. Er hatte den Eindruck, sogar die Gewißheit, daß er dabei war, einen Teil von sich selbst zu entdecken, der ihm bis jetzt unbekannt geblieben war. Durch ihn wurde sein Leben und Denken sehr viel leuchtender, viel gewaltiger und weniger einengend, als er es in der Vergangenheit gewohnt war. Es war, als ob all die Energie seines Seins, die Energie seiner Liebe zu Rachel, trotz ihrer Trennung, und die körperliche Energie, die seine Krankheit ihn nicht ausleben ließ, umgewandelt, verändert worden sei und sich nun in seinem Kopf balle: Die eine Tür war geschlossen, eine andere geöffnet worden.

Nachts, nach der Arbeit eines langen Tages, der manchmal fünfzehn Stunden dauerte, brach er oft in wilde Lachanfälle aus, die seine Nachbarn in Unruhe versetzten. Zuzeiten erfuhr er ein solch tiefes Gefühl inneren Friedens und allumfassender Zufriedenheit, daß er mehr als einmal dachte, daß er es nicht bedauern würde, wenn er hier und jetzt stürbe.

Innerhalb von zweieinhalb Monaten hatte er sein Drehbuch vollständig umgeschrieben. Dann eilte er voll banger Erwartung hinüber zum Videoladen und gab Steve eine Kopie. Mitten in der Nacht rief Steve ihn zurück, um ihm zu sagen, daß er überwältigt war, daß er es nicht hatte weglegen können und von Anfang bis Ende in einem Zug durchgelesen hatte.

»Das ist das beste Skript, das ich seit einem Jahr gelesen habe. Und das heißt etwas, wenn man bedenkt, daß ich die Geschichte schon kannte. Ich bin sicher, daß du es verkaufen und einen Haufen Geld damit machen kannst. Schick es auf der Stelle an ein paar Agenten und Produzenten.«

John folgte Steves Ratschlag und machte von dem Drehbuch ein Dutzend Kopien, die er dann den größten Hollywoodstudios zusandte. Eineinhalb Monate später erhielt er den letzten Brief mit einer abschlägigen Antwort. Er war vernichtet. Nicht nur, daß ihn sein Scheitern unvorbereitet traf – er barst geradezu vor Vertrauen, als er die Skripts zum Versand gegeben hatte – sondern er hatte auch seine persönlichen Finanzen kurz überprüft und festgestellt, daß seine Reserven gefährlich geschrumpft waren. Er konnte nur noch wenige Wochen durchhalten, höchstens einen Monat.

Wieder einmal gab er dem alten Millionär die Schuld. All die bedeutsamen Grundsätze, die ihm dieser enthüllt hatte, waren einen Dreck wert. Er war ein Scharlatan, und John war hereingelegt worden. Es gab keine geheimen Gesetze oder Regeln in dieser Welt. Alles war bloßes Chaos, sinnlos und gewalttätig, und John war naiv genug gewesen, das Gegenteil zu glauben.

Entmutigt ging John zu Bett, aber in dieser Nacht hatte er einen erstaunlichen Traum. Er befand sich in seinem Rollstuhl am Rand einer

Klippe im Grand Canyon. Ein Sturm sandte Donnergrollen über den Himmel, und ein heftiger Wind ballte ungeheuer große schwarze Wolken über seinem Kopf zusammen. John versuchte, sich herumzudrehen, damit er nach Hause zurückkehren konnte, stellte aber fest, daß er unfähig war, seinen Stuhl auch nur einen Zentimeter zu bewegen. Er wurde immer wütender, als warmer Regen zu fallen begann, der über sein Gesicht rann und seine Kleider durchnäßte.

Als er hinter seinen Stuhl schaute, um zu sehen, ob ein Stein oder eine Furche ihn an der Bewegung hinderte, war er überrascht, einen blauen Fleck verblüffend klaren Himmels zu sehen, der zudem vollkommen rund war und sich auch noch zu bewegen schien. Tatsächlich wanderte der azurblaue Kreis, der eine Lichtsäule zum Boden unter sich warf, schnell in seine Richtung.

John erkannte bald, daß die Lichtsäule den alten Millionär umgab, der auch in einem Rollstuhl saß und auf ihn zukam, auf unerklärliche Weise geschützt vor dem heftigen Sturm. Der alte Mann war bald an seiner Seite und lächelte ruhig; er war kein bißchen naß.

»Wie geht es Ihnen?« fragte er.

»Schlecht«, sagte John.

»Ich glaube, Sie brauchen ein wenig Shampoo.«

Und aus einer Tasche seines schäbigen alten Mantels – demselben, den er am Times Square getragen hatte – kramte er eine Glasflasche, die eine auffällig glitzernde goldfarbene Flüssigkeit enthielt, die viel stärker als jedes gewöhnliche Shampoo blitzte. Sie funkelte sogar, als ob sie aus Tausenden winziger Sterne zusammengesetzt sei. Der alte Mann entfernte den Verschluß und goß den gesamten Inhalt über Johns Haar, das er dann energisch zu rubbeln begann, wobei ein Berg von Schaum entstand.

John fühlte sofort eine geheimnisvolle Energie sein gesamtes Wesen durchströmen, die sich vom Scheitel aus durch den Rest seines Körpers ausbreitete und ihn mit einem Gefühl der Ruhe und Freude erfüllte, wie er es niemals zuvor erlebt hatte. Allmählich setzte eine angenehme Benommenheit ein, und er fühlte sich so gut, daß er gerne für den Rest seines Lebens dort sitzen geblieben wäre.

»Erst wenn du denkst, es ist alles vorbei, geht es wirklich los«, sagte der Millionär und massierte kraftvoll Johns Kopf. »Wenn du endlich deinem kleinen Selbst entsagst, wenn du erkennst, daß all die Dinge, die es dir beschert hat, um glücklich zu sein, nutzlos und nichtig sind, dann steigt dein wahres Selbst empor wie die Sonne, und du kannst von der himmlischen Gnade berührt werden. – Du schuldest mir siebzehn Dollar für das Shampoo.«

»Siebzehn Dollar?«

»War nur ein Scherz«, sagte der Millionär. Er hörte auf, Johns Kopfhaut zu kneten. »Du selbst gibst dir die Behandlung, nicht ich. Aber sag mir: Wie kommt es, daß du dein Drehbuch noch nicht verkauft hast?«

»Ich weiß es nicht.«

»Glaubst du *ernsthaft*, daß du es verkaufen kannst?«

»Ja.«

»Bist du sicher?«

»Ja.«

»Wenn du wirklich Vertrauen hast, kannst du alles tun.«

»Ich habe wirklich Vertrauen.«

»Gut. Beweise es mir. Wenn du wirklich Vertrauen hast, wenn du alles tun kannst, dann kannst du dich bedenkenlos und frei von Angst über den Rand dieser Klippe stürzen.«

»Nun ... Ich meine ... Glauben Sie nicht, daß Sie hier ein wenig übertreiben? Ich ...«
»Hast du Vertrauen oder nicht?«
»Ja.«
»Dann beweise es.«
Nach einem Augenblick des Zögerns und trotz der Verrücktheit des Unternehmens fühlte John, daß es kein Zurück gab, und schob seinen Stuhl auf den Rand der Klippe zu. Er verwandte seine ganze Kraft darauf, sich immer wieder zu sagen, daß er es fertigbringen konnte, in seinen Rollstuhl wie in einem Flugzeug zu fliegen.
Und zu seiner völligen Verblüffung flog er tatsächlich.
Der Rollstuhl tauchte in die Leere ein, aber anstatt zu fallen, schwebte er hier nur, als ob er leichter als Luft wäre. Erstaunt und trunken von dem unglaublichen Gefühl, wie ein Vogel zu fliegen, schaute John hinunter in den Grand Canyon. Der Sturm war abgeklungen, und ein prachtvoller Regenbogen erstreckte sich über den Horizont.
Dann bestürmten ihn Zweifel, und sein Vertrauen wankte. Was gerade geschah, war unmöglich. Niemand konnte ohne eine, wie auch immer geartete, mechanische Ausrüstung fliegen.
Plötzlich, wie ein Flugzeug, das seinen Motor verloren hat oder dessen Tragflächen abgerissen waren, begann er, in Richtung Boden zu stürzen, und mit der Aussicht auf den ihn sicher erwartenden Tod schrie er verzweifelt um Hilfe. Glücklicherweise verstand er rechtzeitig, was geschehen war: Er hatte sein Vertrauen verloren und damit seine wunderbare Kraft. Er fing sofort an, immer wieder den Satz »Ich kann fliegen« in seinem Kopf zu wiederholen.
Wie durch Zauberei fühlte er sich in die Luft gehoben – er flog wieder. Begeistert brach er in Lachen aus. Eine Sekunde später erschien der

Millionär wie ein zweites Flugzeug an seiner Seite, auch er flog in seinem Rollstuhl daher.

»Du siehst, es ist nicht so schwer. Alles, was du brauchst, ist ein fester Glaube. Komm, laß uns ein bißchen Spaß haben.«

Der Rollstuhl des alten Mannes nahm Geschwindigkeit auf. John konzentrierte sich und schaffte es, ihn einzuholen.

»Vergiß nicht, du kannst alles tun, wenn du wirklich daran glaubst.«

»Ich werde es nicht vergessen.«

»Ich muß dich nun verlassen. Es gibt einige Geschäfte, um die ich mich kümmern muß.«

Er beschleunigte wieder. John versuchte, mit ihm auf gleicher Höhe zu bleiben, schaffte es aber nicht, und bald verschwand der Millionär. Allerdings hörte John seine Stimme noch, wie von einem kraftvollen Mikrofon verstärkt, durch den Himmel hallen. Er wiederholte, was er zu John gesagt hatte, als sie sich in seinem Herrenhaus auf Long Island trennten: »Du wirst Erfolg haben. Gib niemals auf. Nie! Niemals!« Und John fühlte es wie elektrischen Strom durch sich hindurchfließen, der ihm gewaltigen Auftrieb verlieh.

Die Stimme des Millionärs fuhr fort: »Jeder Tag ist der erste Tag vom Rest deines Lebens. Entwickle die Fähigkeit, nicht mehr an deine vergangenen Fehlschläge zu denken – oder, besser, vergiß die Enttäuschung, die Trauer, die sie auslösten. Die Lehren hingegen, die du daraus gezogen hast, behalte im Gedächtnis. Sage dir selbst, daß jeder Mißerfolg, den du erlebst, ein Fehler weniger bedeutet, den du in Zukunft machen mußt, sofern du die Lektion, die du daraus lernen solltest, verinnerlicht hast.

Also, obwohl es widersinnig erscheinen mag, bringt dich jedes Versagen, jeder Mißerfolg eigentlich näher an dein Ziel. Deine Mißerfolge stärken dich, denn sie sind nur ein anderer Aspekt deines zukünftigen Erfolgs. Sie sind der Preis, den du zahlen mußt. Fördere in dir selbst die Fähigkeit, vergangene Frustrationen zu vergessen. Mach reinen Tisch. Dein Leben fängt jeden Tag neu an. Deine Entschlossenheit wird jeden Tag stärker, und du näherst dich einem Erfolg, von dem du nicht einmal zu träumen wagtest. Aber bleib dran.

Ausdauer wird alle Hindernisse überwinden. Hierin liegt dein wahres Genie. Es ist der endgültige Beweis für die wahrhafte Liebe, die du allem, was du tust, entgegenbringst. Wenn du wirklich liebst, was du tust, wenn du eine brennende Leidenschaft für deine Arbeit empfindest, dann wird jede Erfahrung, die damit einhergeht, bereichernd sein, und nichts wird ein Mißerfolg werden.

Alles, was du erlebst, ist dazu da, dich etwas zu lehren. Mißerfolg existiert nur in den Augen gewöhnlicher Menschen. Es ist keine Schande, Fehler zu machen, zu straucheln. Sogar Jesus stolperte dreimal und fiel, als er das Kreuz trug. Aber jedesmal, wenn du fällst, mußt du wieder aufstehen, aufgehoben durch die Kraft deiner unerschütterlichen Ideale, selbst wenn spöttisches Lachen sein Echo weithin tönen läßt und Hohn um dich ist, manchmal von deinen Freunden oder gar deiner Familie und jenen, die dein Partner fürs Leben sein wollen.

Durch jeden Mißerfolg, den du erlebst, wird dein Charakter stärker und deine Seele ausdauernder. Du wirst mehr und mehr zum Meister deines eigenen Schicksals, denn, wie es der große und tiefgründige Heraklit ausdrückt: Der Charakter gleicht dem Schicksal.

Jeder Fehler schleift Unvollkommenheiten des Charakters ab. Je geduldiger du Fehler akzeptieren kannst, desto weiter entwickelst du dich, weil Geduld und Demut die Tugenden der Großen sind. Du selbst weißt, daß dieser Mißerfolg nur ein weiterer Meilenstein auf deinem Weg ist. Wenn du alle Stufen erklommen hast, wirst du die weitläufigen Ebenen des Erfolgs betreten. Dort wird deine Ernte üppig sein, hundertmal größer, als du es dir vorgestellt hast, weil du gegeben hast, ohne etwas als Gegenleistung zu erbitten. Denn jene, die geben, ohne etwas dafür zu wollen, können ihren Lohn kaum fassen, so reichlich ist er.

Bewahre immer die leuchtende Vision deines Zieles im Kopf, die Vision dieser weiten Ebene, wo die Früchte der Weisheit und des Wohlstands im Überfluß wachsen und wo deine Seele bald erhabene Ruhe finden wird, weil sie diesen Ort zu ihrem ewigen Rastplatz erwählt hat. Stelle den Edelmut deiner Liebe unter Beweis, beweise die Ernsthaftigkeit deines Wunsches und die Größe des Vertrauens in deine Aufgabe. Wisse, daß du ewig bist. Wisse, daß du größer bist als das Versagen und sogar als der Erfolg. Gib niemals auf. Nie. Niemals ...«

Kapitel 21

In welchem der junge Mann alles riskiert

John erwachte am nächsten Morgen erfüllt von neuem Mut. Die leidenschaftlichen Worte des Millionärs hallten in seinem Kopf wider: »Du wirst Erfolg haben!« Und er erinnerte sich an seinen seltsamen Traum, in dem Vertrauen ihn dazu befähigt hatte, in seinem Rollstuhl durch die Luft zu fliegen. Vertrauen! Er mußte Vertrauen haben, so stark wie Stahl, daß er sein Drehbuch verkaufen würde.

Er mußte beharrlich bleiben. Was machten ein paar Wochen, ein paar Monate, gemessen an einem ganzen Leben? War er erst erfolgreich, würde er diese Zeit des Kummers und der Sorgen schnell vergessen. Aber dann überschlug er rasch seine Finanzen und stellte fest, daß er mit dem, was er noch hatte, nur noch eine Woche, höchstens zwei, überstehen konnte.

Beklemmung machte sich in ihm breit. Hatte er wirklich alles getan, was er konnte, um sein Drehbuch zu verkaufen? Er fing an, durch den Stapel der Absagen zu blättern, die er erhalten hatte, und prüfte jede davon. Dabei erkannte er, daß einige von ihnen seine Arbeit nicht direkt ablehnten. Eine Anzahl Studios hatte ihm einfach für die Übersendung seines Drehbuchs gedankt und erklärt, daß es für sie nicht in Betracht komme, »unverlangtes« Material zu berücksichtigen.

Das bedeutete, daß diese Studios sein Drehbuch nicht einmal gelesen hatten. Und es hieß auch, daß sie es nicht ablehnen konnten, da sie es noch gar nicht zur Kenntnis genommen hatten. Es bestand ein Unterschied zwischen solch einer Absage und einer glatten Ablehnung. Also gab es immer noch eine Hoffnung. Auf jeden Fall sah John das so. Aber wie konnte er diese Mauer der Gleichgültigkeit durchbrechen? Welche Strategie konnte er anwenden?

Er kannte niemanden im Filmgeschäft. Natürlich konnte er Türklinken putzen gehen, aber ein Mann im Rollstuhl machte wahrscheinlich keinen sehr guten Eindruck. Er fing an, durch seine Wohnung zu fahren, weil er dachte, daß etwas körperliche Betätigung seinen Verstand anregen und ihn so mit ein paar Einfällen versorgen könnte. Doch es half alles nichts.

Als er an der offenen Tür seines Kleiderschranks vorbeirollte, bemerkte er die lächerlichen Plateauschuhe, die ihm die Schuhfabrik Cooper als Muster gegeben hatte, als er an ihrer Werbekampagne arbeitete.

Ohne zu wissen, warum, lehnte er sich hinüber, hob den Schuh auf und betrachtete ihn eine Weile. Er bewunderte seine ausgezeichnete Verarbeitung und die feine Qualität des Leders. Er sagte sich wiederholt, daß er irgendwie seinen Fuß in die Tür eines Hollywoodstudios bekommen müßte, und plötzlich rann ihm ein Schauer über den Rücken, als ihm eine Idee kam. Seinen Fuß in die Tür bekommen ... natürlich! Warum nicht genau das!

Eine halbe Stunde später hielt ein Lastwagen vor seiner Tür und nahm ein Paket mit, das John an das Studio adressiert hatte, das ihn am meisten interessierte. Es war in leuchtendrotes Papier eingewickelt und mit rotem Band zugebunden. Darin befanden sich sein Drehbuch, einer der Cooper-Schuhe und eine Notiz, auf der stand: »Wie man einen Fuß in die Tür bekommt!«

Er drückte sich die Daumen und hoffte. Er betete und fühlte sowohl

Angst als auch neuen Mut. Zwei Tage lang verließ er seine Wohnung nicht und wartete auf einen Telefonanruf oder einen Brief. Aber nichts kam. Nach zwei Wochen, als er am Rand der totalen Verzweiflung war, läutete endlich das Telefon. Hastig hob er ab. Die Stimme einer Frau, die er nicht kannte, fragte, ob er John Blake sei.

»Ja.«

»Mr. Ivanovitch würde Sie gerne sprechen.«

Er wartete mit angehaltenem Atem.

»Mr. Blake?« fragte eine Stimme, geladen mit Energie.

»Ja, das ist richtig.«

»Ich habe vor ein paar Tagen Ihr kleines Geschenk erhalten. Clever! Sehr clever. Und ich habe Ihr Skript gelesen. Ich möchte Ihnen ein Angebot machen. Wie wäre es mit einem kurzen Besuch in meinem Büro?«

»Klar, gern.«

»Meine Sekretärin wird die Einzelheiten mit Ihnen klären.«

John wurde zur Sekretärin zurückverbunden. Nachdem diese den dicht gefüllten Terminplan ihres Chefs zu Rate gezogen hatte, sagte sie schließlich, daß sie John um drei Uhr am folgenden Tag dazwischenschieben könne.

»Oh, morgen ist ein bißchen knapp«, sagte John. »Ich wohne in New York, wie Sie wissen, und habe zur Zeit eine Menge Termine in meinem Kalender stehen.«

»Ich rate Ihnen, den Drei-Uhr-Termin morgen wahrzunehmen«, erwiderte die Sekretärin. »Mein Chef ist ein sehr beschäftigter Mann. Es gibt da draußen Hunderte von Leuten, die nur zu gerne zu ihm ins Büro kommen würden. Außerdem verläßt er Los Angeles übermorgen für ein paar Wochen, und wenn er zurück ist, wird er zwanzig andere interessante Angebote auf dem Schreibtisch haben. Er könnte Ihres einfach völlig vergessen.«

»Ich verstehe. Ich weiß es zu schätzen, daß Sie mir das alles sagen, Miss ...«

»Ford. Sie sind nicht sehr vertraut mit der Art und Weise, wie die Dinge hier in Hollywood laufen, nicht wahr, Mr. Blake?«

»Nein, nicht wirklich.«

»Nun, dann: Willkommen im Club.«

»Danke. Ich sehe Sie dann morgen, um drei Uhr.«

»Richtig. Oh, und noch eine letzte Sache – seien Sie pünktlich. Mr. Ivanovitch haßt es absolut zu warten.«

»Das werde ich. Danke.« Er hängte auf. Es war wie im Traum. Seine List hatte funktioniert, endlich würde er sein Drehbuch verkaufen. Es wurde auch Zeit! In ein paar Tagen hätte er sich nach einem Job umsehen und seinen Traum, Drehbuchautor zu werden, an den Nagel hängen müssen. Jetzt mußte er schnell reagieren. Um morgen um drei Uhr in Los Angeles zu sein, mußte er noch heute einen Flug bekommen.

Er packte schnell eine Tasche, in die er nur das Allernotwendigste warf, damit sie nicht so schwer wurde. Dann zog er seinen besten Anzug an und sorgte dafür, daß er die Krawatte seines Vaters trug, denn er war überzeugt davon, daß sie ihm Glück bringen würde. Anschließend rief er ein Taxi und fuhr hinaus zum Flughafen, wo er sich am ersten Verkaufsschalter für Flugtickets anstellte, den er sah, und nach einem Flug nach Los Angeles fragte.

»In einer halben Stunde startet ein Flugzeug.«

»Eine halbe Stunde! Das ist perfekt. Ich nehme es.«

»Gut, das kommt dann auf tausendachthundert Dollar.«

»Tausendachthundert Dollar?«

»Ich habe nur noch Plätze in der ersten Klasse. Tut mir leid.«

»Was ist mit dem nächsten Flug?«

»Ich habe noch einen Flug um fünf Uhr heute nachmittag, aber der ist voll. Sie ... Tja, das ist eine sehr kurzfristige Buchung. Wenn Sie wollen, können Sie warten, vielleicht kommt eine Stornierung rein. Im Moment gibt es nichts anderes.«

»Und morgen?«

»Morgen, warten Sie mal. Da habe ich einen Flug um elf Uhr morgens, aber der ist auch ausgebucht. Wenn Sie allerdings bis zum Wochenende warten können, da habe ich noch bei zahlreichen Flügen freie Plätze.«

»Ich verstehe. Ich ...«

Nachdem er eine Reihe von hastigen und ergebnislosen Anfragen bei anderen Fluggesellschaften gestartet hatte – nirgendwo war noch etwas frei, außer einigen anderen, sogar noch teureren Erste-Klasse-Plätzen – sah sich John genötigt, an den Schalter zurückzukehren, an dem er es ganz am Anfang versucht hatte. Er mußte unbedingt noch heute fliegen. Er zögerte einen Augenblick, faßte Mut, stellte sich dann an den Schalter und reichte seine Kreditkarte hinüber. Immerhin würde er morgen oder spätestens in ein paar Tagen um einige hunderttausend Dollar reicher sein; also warum jetzt kleinlich sein und knausern?

»Ich nehme das Erste-Klasse-Ticket«, sagte er.

»In Ordnung, Sir«, sagte die Flughafenangestellte und nahm seine Kreditkarte. Sie errechnete den Flugpreis plus Steuer und rief dann an, um seine Karte und die Summe bestätigen zu lassen. Es wurde verweigert.

»Es tut mir leid, Sir. Haben Sie noch eine andere Karte?«

John wußte sehr gut, daß seine Kreditkarten »ausgereizt« waren, aber er versuchte es trotzdem mit einer anderen. Es erging ihr nicht besser als der ersten, und die Angestellte gab sie ihm mit einem verlegenen Blick zurück.

»Gibt es hier irgendwo einen Geldautomaten?« fragte John.

Sie erklärte ihm den Weg und beobachtete ihn, wie er in seinem Rollstuhl davonfuhr. Sie bezweifelte, daß er heute einen Flug New York – Los Angeles bekommen würde. Und sicher hatte er nicht genug Geld für ein Ticket erster Klasse. Wieder so ein Träumer, wie es so viele gab in dieser Stadt ...

John eilte nervös zum Geldautomaten, in der Hoffnung, daß ein paar der von ihm ausgestellten Schecks noch nicht eingelöst worden waren. Das Glück war ihm hold – sein Kontostand belief sich auf 1.914,25 Dollar. Wenn er das von ihm benötigte Geld für den Kauf eines Tickets erster Klasse abzog, blieben ihm nur noch hundert Dollar übrig, ungefähr soviel wie damals, bevor ihm der alte Millionär die fünfundzwanzigtausend Dollar gegeben hatte. Er war zurück auf »Los« – oder schlimmer, da er eventuell sein Drehbuch nicht würde verkaufen können und seine Miete noch nicht bezahlt hatte. Aber nun gab es kein Zurück.

Er tippte die Anweisung zur Auszahlung von tausendneunhundert Dollar ein. Von der Maschine erhielt er zur Antwort, daß sein tägliches Limit fünfhundert Dollar seien. Mist! Ihm fehlten immer noch tausenddreihundert Dollar. Er hob die fünfhundert Dollar trotzdem ab und tippte dann eine Auszahlung von weiteren fünfhundert Dollar ein. Die Maschine verkündete, daß er sein Tageslimit erreicht habe. Was sollte er jetzt tun? Er schaute hinauf zu einer der großen Flughafenuhren. Wertvolle Zeit verrann. Wenn er nicht bald den Rest des Geldes auftrieb, würde er sein Flugzeug verpassen, seine Verabredung mit dem Hollywoodproduzenten platzen und damit der Vertrag seines Lebens. Er durchstöberte seine Sachen auf der Suche nach seinem Scheckbuch. Nein. Verdammt! Das war ganz bestimmt nicht sein Tag. Er rollte vom Geldautomaten weg und steuerte langsam und gedankenverloren auf den Flugschalter zu. Dann sah er etwas im Fenster eines Geldwechselstandes, das seine Hoffnung wieder anfachte: den Aufkleber einer Firmengruppe, zu der seine Bank gehörte. Er eilte an den Stand, schob dem Angestellten seine Karte hinüber und bat um tausenddreihundert Dollar.

»Amerikanische Währung?«

»Ja.«

»Okay, nur einen Augenblick, bitte.« Der Bankangestellte überprüfte die Karte, fand alles in Ordnung und übergab ihm das Geld. John war gerettet. Er eilte zurück zum Ticketschalter und überraschte die Angestellte, weil er sein Ticket bar bezahlte.

Zwanzig Minuten später saß er an Bord des Flugzeugs, erleichtert und glücklich, daß sein kühnes Manöver funktioniert hatte. Er gratulierte sich selbst zum zigsten Mal, als sein Sitznachbar eintraf.

Erste-Klasse-Passagiere sind nicht immer berühmte Persönlichkeiten, aber alle berühmten Persönlichkeiten fliegen erster Klasse. Aufgrund seiner Behinderung war John von der Stewardeß in der vordersten Reihe untergebracht worden, neben einem sehr wichtigen Hollywoodagenten, dessen von Geburt an gelähmter Sohn mit ihm reiste.

Greg Nicklaus war in den Sechzigern und vollkommen kahl. Von seinen auffallend klaren Augen strahlte eine erhebliche Anziehungskraft aus. Er war in den letzten zwanzig Jahren einer der Hauptdrahtzieher in Hollywoods Filmszene gewesen und übte nun in den wichtigeren Filmstudios großen Einfluß aus, da zu seinen Klienten einige der berühmtesten Schauspieler und Regisseure dieser Tage zählten.

Der Anblick von John und seinem Rollstuhl weckte Nicklaus' freundliche Neugier. Sie wurde noch gesteigert von der Tatsache, daß John in seinem Drehbuch blätterte und noch ein paar Korrekturen in letzter Minute machte.

»Was ist Ihnen zugestoßen?« erkundigte sich der Agent, da er beobachtet hatte, wie die Stewardeß John aus seinem Rollstuhl und auf seinen Sitz geholfen hatte. Wegen seines Sohnes schien es ihn keineswegs in Verlegenheit zu bringen, eine so persönliche Frage zu stellen.

»Eine Wirbelsäulengeschichte. Meine Beine sind gelähmt.«

»Von Geburt an?«

»Nein, erst seit ein paar Monaten.«

»Mein Sohn hat noch nie gehen können«, erklärte Nicklaus und drehte sich zu dem reizenden rothaarigen, ungefähr zwölfjährigen Jungen um, der neben ihm saß. »Der Sohn aus meiner dritten Ehe.«

Der Junge grinste und vertiefte sich wieder in sein Comic-Heft.

»Oh, das ist aber traurig. Doch ... wer weiß, vielleicht wird er mal ein großes Genie.«

»Meinen Sie?« fragte der Agent und klang dabei überraschend skeptisch. »Sie sind der erste, der so etwas sagt. Ich meine, das ist sehr freundlich von Ihnen, aber ich ...«

Und mit der Offenheit, welche die Leute häufig auf Flugreisen an den Tag legen, weil sich die Gesprächspartner wahrscheinlich niemals wiedersehen, fügte Nicklaus hinzu: »Ich habe gewartet, bis ich fünfzig war, um einen Sohn zu bekommen, und dann bekam ich John.«

»Er heißt John? Wie ich.«

»Tatsächlich? Nun, ich bin unhöflich. Ich habe mich nicht einmal vorgestellt. Greg Nicklaus«, sagte er und streckte die Hand aus. »Nennen Sie mich Greg.«

»John Blake.«

»Sind Sie Schriftsteller, John?« fragte der Mann und schaute auf das Drehbuch hinunter, das John geschlossen auf dem Schoß hielt.

»Ja, bin ich. Ich treffe morgen jemanden namens Ivanovitch. Er ist an meinem Skript interessiert.«

»Ivanovitch, der Produzent?«

»Ja.«

»Ich kenne ihn sehr gut. Nebenbei, ich bin Agent«, fügte Nicklaus nach einem Augenblick hinzu. Er war es nicht gewohnt, Leuten zu erzählen, was er tat, da jeder in Hollywood wußte, wer er war.

»Würden Sie mein Skript gerne lesen?« fragte John.

»Keiner liest in Hollywood, nicht einmal die, die dafür bezahlt werden. Dafür haben sie ihre Ehefrauen oder Sekretärinnen. Wenn Ihnen ein Produzent sagt, daß er ein Drehbuch gelesen hat, lügt er. Und wenn er nicht lügt, dann arbeitet er nicht in Hollywood. Erzählen Sie mir Ihre Geschichte einfach in drei Sätzen oder weniger.«

Das war das erstemal, daß John von jemandem gebeten wurde, sein Drehbuch zusammenzufassen, und ihm fehlten in diesem Moment die Worte.

»Wenn Sie mir die Geschichte nicht in weniger als einer Minute erzählen können, bin auch ich nicht in der Lage, es zu tun, und das ist alle Zeit, die ich habe. Es wird behauptet, die Aufmerksamkeitsspanne von Menschen mit durchschnittlicher Intelligenz liegt bei ungefähr zwanzig Minuten. In Hollywood ist die durchschnittliche Aufmerksamkeitsspanne eine Minute oder weniger.«

»Ich verstehe«, sagte John. Dann entschuldigte er sich und sagte, daß er in den Waschraum müsse.

Als er ein paar Minuten später an seinen Platz zurückkehrte, erstaunte ihn Nicklaus, als er sich an ihn wandte und sagte: »Sie haben ein Problem mit der zweiten Szene, und Ihre Hauptfigur wartet zu lange, bevor sie ihr Schicksal in die eigene Hand nimmt. So etwas verärgert das Publikum. Doch es ist ein gutes Skript. Ich habe geweint, ich habe gelacht und mich nicht gelangweilt. Das ist es, was zählt.«

Der Agent konnte mit phänomenaler Geschwindigkeit lesen, da er die Technik des Seitenlesens beherrschte – er konnte in der Zeit, die man benötigte, um eine Seite umzublättern, den Inhalt dieser Seite erfassen – und hatte Johns Drehbuch in weniger als zehn Minuten ausgewertet.

»Sie ... Sie haben das ganze Ding gelesen?« stammelte John.

»Ja.«

»Aber ich dachte, niemand liest in Hollywood.«

»Ich vertraue niemandem. Einige Sachen kann man nicht delegieren.«

Den Rest des Fluges über erzählte ihm der Agent – er hatte eine echte Zuneigung zu John gefaßt und glaubte, er habe Talent – seine Lebensgeschichte und gab ihm dann, kurz vor der Landung, seine Visitenkarte.

»Ich bin morgen abend mit William Goldman, dem Drehbuchautor, zum Dinner verabredet. Warum leisten Sie uns nicht Gesellschaft? Ich würde mich freuen, Sie wiederzusehen. Wir werden ungefähr um acht in der Polo Lounge sein.«

»Sicher ... ich ... Das würde ich gerne.«

KAPITEL 22

*In welchem der junge Mann
die Kunst der Verhandlung entdeckt*

John fand ein billiges Hotel und tröstete sich, daß dies wahrscheinlich das letzte Mal war, daß er bei der Wahl seiner Unterkunft so geizig sein mußte.

Der Abend verging in einem Gefühlsgemisch aus Hochstimmung und Melancholie – er hätte seinen Erfolg so gerne mit Rachel geteilt!

Dann verbrachte er eine unruhige Nacht und kam etwa um halb drei am nächsten Nachmittag in Ivanovitchs Büro an. Auf jeden Fall wollte er lieber zu früh da sein, anstatt wegen einer unerwarteten Verzögerung eine Verspätung zu riskieren.

Die Sekretärin, Miss Ford, eine Rothaarige mit einer dicken schwarzen Brille, schien erstaunt darüber, daß er im Rollstuhl kam, und sagte, ohne nachzudenken: »Nehmen Sie doch bitte Platz und warten Sie ... Ich meine ... wenn Sie bitte warten wollen ...«

Als sie ihre Taktlosigkeit bemerkte, verfiel sie in Schweigen, da sie nicht wußte, was sie sagen sollte. John lächelte nur.

»Ich sage Mr. Ivanovitch, daß Sie hier sind.«

Sie nahm den Hörer ab, sprach mit ihrem Chef und wandte sich wieder an John. Sie sagte ihm, daß es eine Weile dauern würde. Dann nahm sie einen Anruf entgegen, einen von vielen, die noch folgten – John staunte sehr, als das Telefon die ganze nächste Stunde nicht aufhörte zu klingeln. Er lauschte fasziniert all den dabei fallenden Namen von berühmten Schauspielern, Regisseuren, Produzenten und so weiter.

Um halb vier fragte John, der seine Ungeduld nur schwer verbergen konnte, Miss Ford sehr höflich, ob ihr Chef ihn vergessen habe.

»Ich werde ihn erinnern«, erwiderte sie.

Nach einem Augenblick am Telefon sagte sie: »Er weiß, daß Sie hier sind. Aber er hat gerade eine Besprechung mit Henry Nichols.«

»Henry Nichols ...«, murmelte John bewundernd. Nichols war einer der bekanntesten Stars in Hollywood, deshalb war es vollkommen verständlich, daß Ivanovitch seine Unterredung nicht abkürzte, nur weil ein unbekannter Drehbuchschreiber namens John Blake darauf wartete, ihn zu sehen.

Eine halbe Stunde später stürmte der berühmte Filmstar sichtlich wütend aus dem Büro. John dachte, daß er jetzt endlich an der Reihe wäre, den großen Produzenten zu treffen.

Die Sekretärin rief ihren Chef an, aber er war noch nicht bereit, John zu empfangen. Er hatte eine Telefonkonferenz mit seinen Anwälten in New York. Er versuchte, eine rechtliche Angelegenheit zu klären, bei der es um seine Gesellschaft und ein paar Millionen Dollar ging.

»Er ist noch nicht fertig. Er telefoniert mit New York.«

»Ich verstehe.«

»Können Sie noch ein bißchen länger warten?«

»Aber sicher.«

»Nehmen Sie es nicht persönlich. Er verbringt sein Leben damit, Feuer auszutreten. Kann ich Ihnen in der Zwischenzeit etwas bringen? Kaffee?«

»Ja, danke.«

Aber noch bevor sie ihm den Kaffee servieren konnte, klingelte wieder das Telefon. Sie wurde sehr aufgeregt, als sie hörte, wer anrief – Julia Johnson. Im zarten Alter von fünfundzwanzig war sie die Entdeckung des Jahres. Ihr Bild war auf den Titelseiten aller Illustrierten, und sie strich schon jetzt eine Gage von über fünf Millionen Dollar pro Film ein.

»Oh, Miss Johnson, ich...Ja, natürlich. Sie können Ihre Verabredung um sieben Uhr mit Mr. Ivanovitch nicht einhalten? Das ist kein Problem. Er hat sich auf jeden Fall den ganzen Abend für Sie freigehalten. Sagen wir um acht Uhr? Am selben Platz? Ja, in Ordnung. Ich habe es notiert. Gleicher Ort. Oh, und wo ich Sie gerade dranhabe, ich fand Ihren letzten Film einfach göttlich. Am Ende haben Sie genau das richtige gemacht, als Sie sich weigerten, zu bleiben und seine Geliebte zu sein, obwohl er Ihnen diese wunderschöne Eigentumswohnung anbot und die Kreditkarten. Er hätte Sie sonst niemals geheiratet. Ja, ja, ich verstehe. Es tut mir leid, ich weiß, wie beschäftigt Sie sind. Ich gebe ihm Ihre Nachricht unverzüglich weiter.«

Während sie sprach, notierte sie etwas auf einen rosa Zettel, den sie wegwarf, nachdem sie die Information in ihren Computer eingegeben hatte.

John mußte insgesamt dreieinhalb Stunden warten. Schließlich schien jede Minute eine kleine Ewigkeit. Kurz nach sechs legte Miss Ford ihren Telefonhörer auf und sagte: »Mr. Ivanovitch empfängt Sie jetzt.«

»Endlich!« rutschte es John heraus. Die Sekretärin öffnete ihm die Tür und schloß sie dann wieder hinter ihm, nachdem er in die moderne Suite gerollt war. Der Raum wirkte in seiner Zurschaustellung von Luxus etwas aufdringlich und entsprach nicht dem besten Geschmack, zumindest nicht nach Johns Auffassung.

Aber was seine Aufmerksamkeit am meisten auf sich zog, war Ivanovitchs höchst ungewöhnliche Erscheinung: Er war so klein – um einen Meter fünfzig herum – daß er beinahe in seinem schwarzen Ledersessel versank. Außerdem wurde er nahezu vollständig von einer dicken Rauchwolke eingehüllt. Der Produzent hatte eine Krawatte an, die fast so breit war wie seine Schultern, und sein graumeliertes Haar – er war in den Fünfzigern – trug er in einem militärischen Bürstenschnitt. Er paffte eine riesige Havanna, die er in der linken Hand hielt. Deren Handgelenk wurde von einer schweren Rolex und zahlreichen Ringen beschwert, die nicht gerade von Bescheidenheit zeugten und sicher ein kleines Vermögen wert waren. Womit die Behauptung wieder einmal bewiesen wurde, daß sich guter Geschmack nicht immer von selbst mit der ersten Million einstellt, die ein Mensch verdient.

John hatte noch nie jemanden wie ihn kennengelernt. Er strahlte eine unglaubliche Energie aus, aber gleichzeitig umgab ihn etwas Bedrohliches. Als ob er seine außergewöhnliche Anziehungskraft aus einem geheimen Pakt mit dem Teufel zöge.

Wen er auch ansah, er nagelte ihn mit seinem eiskalten Blick aus den stechend blauen Augen fest, und John fühlte ihre volle Wucht. Die Wirkung wurde noch beunruhigender, da Ivanovitch zur Begrüßung nicht einmal nickte oder ein Wort sagte. Er gab sich damit zufrieden, seinen Besucher zu beäugen, als ob der eine Kuriosität wäre, irgendein exotisches Insekt. Sein Blick hing starr in der Luft, wobei er seine Havanna weiterpaffte und eine Reihe perfekter Rauchringe blies, die auf Johns verblüfftes Gesicht zuschwebten.

Endlich brach er das Schweigen, indem er mit leicht nasaler, von höchster Verachtung zeugender Stimme fragte: »Was versuchen Sie zu beweisen?«

Die Frage überraschte John. Dachte Ivanovitch, er spiele ihm etwas vor, weil er in einem Rollstuhl kam? Oder war es eine Zurschaustellung von Mitleid?

»Ich verstehe nicht.«

»Passen Sie mal auf: Sie hatten einen Termin für heute nachmittag zwei Uhr, und Sie erscheinen hier um drei. Wer, glauben Sie, sind Sie? Denken Sie, ich habe nichts Besseres zu tun, als hier rumzusitzen und auf Sie zu warten?«

»Ihre Sekretärin sagte mir, daß der Termin um drei Uhr sei.«

»Unterstellen Sie meiner Sekretärin, daß sie nicht weiß, wie sie ihren Job zu machen hat?«

»Nein, keineswegs. Das scheint alles ein Mißverständnis zu sein.«

Ivanovitch, dessen Armani-Anzug ein paar Nummern zu groß war und an seiner fast abgezehrten Gestalt zu hängen schien, obwohl sein Gesicht – dank der besten Schönheitschirurgen Hollywoods – voll war und kaum Falten aufwies, sprang so schnell auf, daß John einen Augenblick dachte, er wolle ihn angreifen, und unwillkürlich zurückwich.

»Jedenfalls«, sagte Ivanovitch und kam John in bedrohlicher Weise näher, »habe ich einige sehr schlechte Neuigkeiten für Sie. Ich habe Ihr Skript von meinem besten Berater lesen lassen, und er sagt, es ist Dreck. Wir müßten ein ganzes Team von Autoren bezahlen, um es umschreiben zu lassen, und das würde ein Vermögen kosten.«

Er langte nach der Kopie eines Vertrages auf seinem Schreibtisch und warf sie John buchstäblich ins Gesicht.

»Alles, was ich Ihnen anbieten kann, sind fünfundzwanzigtausend, nehmen Sie es oder hauen Sie ab. Unterschreiben Sie hier, und ich schreibe Ihnen jetzt sofort einen Scheck über fünfundzwanzigtausend aus.«

Er faßte in seine innere Jackentasche und zog einen Scheck heraus, der schon auf John Blake ausgestellt war.

»Ich ... Das kommt alles ein wenig überraschend«, sagte John und schaute auf den Scheck, der zu stimmen schien – fünfundzwanzigtausend Dollar, ausgestellt auf seinen Namen.

»Überraschend«, knurrte Ivanovitch und näherte sich langsam.

»Nein, das ist es nicht. Es ist nur, daß ... das nicht genug ist. Ihrem Scheck fehlt eine Null.«

»Es fehlt eine Null! Sind Sie total übergeschnappt? Sie sagen mir, daß meinem Scheck eine Null fehlt! Glauben Sie, ich zahle zweihundertfünfzigtausend Dollar für das erste Drehbuch, das irgendein dahergelaufener Unbekannter geschrieben hat, der auch noch in einem Rollstuhl herumgondelt! Sind Sie bescheuert? Sie können Gott für diesen Betrag danken«, schrie er, während er den Scheck in tausend Fetzen zerriß.

John wurde von Panik ergriffen. Was sollte er ohne Geld tun? Dann begann er, unbewußt zunächst, ein Mantra zu wiederholen, das er von dem alten Gärtner gelernt hatte: »Ruhe in dir selbst, und wisse, daß ich Gott bin.« Nach ungefähr einem Dutzend Wiederholungen, geschah etwas Merkwürdiges.

John wurde von einer Vision erfaßt. Er sah sich selbst wieder im Rosengarten, wo er vor dem Millionär stand, der ihn mit großer Zärtlichkeit ansah. Der leuchtende, ihn ganz umfassende Blick des alten Mannes, dessen Augen wie zwei Flecken eines ungeheuer blauen Himmels waren, erfüllte seine ganze Seele. Es war, als ob die Zeit plötzlich stehengeblieben wäre, als ob all seine Ängste sich in Luft aufgelöst hätten.

Er starrte einfach zurück in Ivanovitchs Augen, erfüllt von einem gestärkten Gefühl der Ruhe. Seltsamerweise schien Ivanovitch seine

Fassung zu verlieren, da sich sein Gesichtsausdruck zu einer besorgten Grimasse verzog. Sein Selbstvertrauen schwand plötzlich dahin, und er wurde von einer eigenartigen Angst überwältigt, etwas, das er noch niemals zuvor erlebt hatte.

»Sie Stück Dreck, machen Sie, daß Sie aus meinem Büro kommen! Ich hoffe, ich sehe Sie nie wieder, Sie Trottel.«

Er wandte sich ab und setzte sich an seinen Schreibtisch, wobei er wütend an seiner Zigarre zog. John erkannte, daß seine Zeit abgelaufen war, und eilte hinaus. Einmal aus dem Büro, hielt er betäubt einen Augenblick inne. Es war alles so schnell geschehen und überhaupt nicht so, wie er es erwartet hatte.

Sein Herz raste. Hatte er gerade einen kolossalen Fehler begangen? Hätte er die fünfundzwanzigtausend Dollar nicht doch annehmen sollen? Immerhin war das nicht schlecht für ein erstes Drehbuch. Aber im letzten Moment hatte ihm eine innere Stimme geraten, sich zurückzuhalten.

Er wollte mehr. Er hatte sich ein Ziel gesetzt: zweihundertfünfzigtausend Dollar. Aber vielleicht war das ein Fehler. Vielleicht wollte er zu hoch hinaus und verpaßte dabei eine Gelegenheit, wie er sie wahrscheinlich lange Zeit nicht mehr bekommen würde. Hatte er die einzige Chance vertan, seinen Fuß in die Tür von Hollywood zu kriegen? War er zu gierig gewesen?

Wie naiv von ihm, zu denken, daß der Verkauf seines Drehbuchs nicht mehr als eine Formalität war. Und doch, warum hatte Ivanovitch, der am Telefon so höflich und begeistert geklungen hatte, plötzlich seine Haltung so unerwartet geändert?

Hätte John mehr vom Geschacher bei den Geschäftsabschlüssen in Hollywood gewußt, hätte er erkannt, daß Ivanovitchs Verhalten einfach einer weitverbreiteten Verhandlungstaktik entsprach. Sie wurde eingesetzt, um den Gegner durcheinanderzubringen, manchmal auch, um ihn zutiefst zu demütigen. Tatsächlich war Verhandeln Ivanovitchs bevorzugter Zeitvertreib. Und durch ebendiese besondere Strategie der Einschüchterung war es ihm gelungen, eine Anzahl unglaublich lukrativer Abschlüsse mit Anfängern zu tätigen. Selbst bei erfahrenen Künstlern – wenn sich deren Karriere auf dem absteigenden Ast bewegte und sie dadurch zeitweilig finanzielle Schwierigkeiten hatten, die sie leicht unter Druck setzten und so für diese Art Geschäftsgebaren anfällig machten – war er damit schon durchgekommen.

Kapitel 23

In welchem der junge Mann den Fuchs überlistet

John atmete ein paarmal tief durch, um ruhiger zu werden. Er redete sich gut zu, sich auf seine innere Stimme zu verlassen, die immer aus gutem Grund eingriff. Aber was konnte das für ein Grund sein? Das mußte er schnell, und zwar sehr schnell, herausfinden. Hatte ihm nicht der alte Gärtner gesagt, daß immer alles auf das Beste hinausliefe, daß wir nur durch die Beschränktheit unseres eigenen Verstandes nicht in der Lage sind, Vorteile und die tieferen, geheimen Ursachen hinter den Geschehnissen zu erkennen, auch hinter jenen, die uns wie Hindernisse und Auslöser unseres Unglücks erscheinen?

Vielleicht weil seine Situation so hoffnungslos und sein Gebet ganz aufrichtig gewesen war – oder einfach weil Not erfinderisch macht – entstand ein handfester Plan in seinem Kopf.

Er wandte sich an die Sekretärin, Miss Ford, die an ihrem Schreibtisch saß. Sie war überrascht, ihn so bald wieder zu sehen.

»Schon fertig?« fragte sie.

»Ja. Es ist nicht so gelaufen, wie ich es mir gewünscht hätte.«

»Das ist aber schade.«

»Ich möchte Sie jedoch um einen kleinen Gefallen bitten. Ich wüßte gerne, wo Mr. Ivanovitch heute abend mit Julia Johnson verabredet ist.«

»Ich würde Ihnen wirklich gerne helfen, aber diese Information ist streng vertraulich.«

»Sie würden mir einen großen Gefallen tun.«

»Ich weiß, aber ich kann es wirklich nicht.«

»Gut, Sie könnten mir aber sagen, ob sie sich an einem öffentlich zugänglichen Ort treffen wollen? Ich meine etwas, wo jeder hingehen kann, natürlich ganz zufällig. Ihr Chef würde niemals erfahren, wer es mir gesagt hat.«

Miss Ford zögerte, aber bevor sie antworten konnte, läutete ihr Telefon wieder, und sie nahm den Anruf entgegen. John blickte sich um und entdeckte durch einen glücklichen Zufall den rosa Zettel, auf dem Miss Ford die Terminänderung für das Treffen ihres Chefs mit Julia Johnson notiert hatte. Unglücklicherweise konnte er nur den Namen »Julia Johnson« ausmachen und nicht den Ort ihrer Verabredung. Er wollte sich gerade hinüberlehnen, um nach dem Zettel zu angeln, als Miss Ford auflegte und sich ihm wieder zuwandte.

»Also, wie steht es?« fragte John.

»Ich kann das nicht tun«, erwiderte sie. »Wenn mein Chef es jemals herausfände, würde ich meinen Job verlieren. Vertraulichkeit wird hier sehr genau genommen. Wir verhandeln mit so vielen berühmten —«

Das Telefon läutete wieder, und John nutzte die sich aus dieser Störung ergebende Gelegenheit, als Miss Ford abgelenkt wurde und sich mit ihrem Stuhl herumdrehen mußte, um nach einem Dokument im Aktenschrank hinter ihrem Schreibtisch zu suchen. Das war seine Chance. Als er sich hinüberbeugte, sah er es. Julia Johnsons Name stand oben und darunter die Zeit und vor allem der Ort ihres Treffens mit Ivanovitch: die Polo Lounge!

Es schien, als seien die Götter mit ihm, da er selbst ja die Absicht hatte, an diesem Abend in die Polo Lounge zu gehen, wo er mit dem einflußreichen Agenten verabredet war, den er im Flugzeug kennengelernt hatte. Dank dieses Zusammentreffens würde sein Plan sehr viel einfacher auszuführen sein.

Er eilte aus dem Gebäude und rollte zur nächsten Telefonzelle, die er fand. Er zog die Visitenkarte des Agenten aus der Tasche und wählte die Nummer. Er sagte sich immer wieder: »Er muß da sein! Er muß da sein!« Zum Glück war Greg Nicklaus ein zuverlässiges Arbeitstier und deshalb noch in seinem Büro.

»Mr. Nicklaus? Hier ist John Blake. Wir wollten uns doch heute abend in der Polo Lounge treffen.«

»Gibt es ein Problem?«

»Nein, nein, ich wollte Sie nur um einen kleinen Gefallen bitten. Ich war bei Mr. Ivanovitch, dem Produzenten, und ich bin ein bißchen enttäuscht von seinem Angebot für mein Drehbuch – nur Hundertfünfzigtausend. Ich weiß, daß ich viel mehr bekommen kann. Tatsächlich habe ich zuverlässige Informationen, die mir das bestätigen. Seine Sekretärin sagte mir, daß er schon einen Interessenten hätte, der es kaufen wollte; eines der großen Studios, aber sie wollte mir nicht sagen, welches.«

»Und Sie wollen, daß ich das für Sie herausfinde.«

»Nein, es ist viel leichter als das. Ich bin heute abend, vor dem Treffen mit Ihnen, mit ihm in der Polo Lounge verabredet. Alles, worum ich Sie bitte, ist, daß Sie kurz herüberkommen und hallo sagen. Wenn er sieht, daß ich einen so einflußreichen Agenten wie Sie kenne, wird er nervös werden und mir das bieten, was ich möchte.«

Nicklaus brach in Lachen aus.

»Das hört sich für mich nach einer raffinierten Idee an, mit der Sie den Wert Ihres Werks in drei einfachen Schritten in die Höhe treiben könnten.«

»So war's gedacht.«

»Kein Problem. Wir sehen uns heute abend. Ich komme an Ihren Tisch und ziehe eine Show ab.«

»Danke«, sagte John, »ich weiß das wirklich zu schätzen.« Er hängte frohen Mutes auf. Es schien, daß der erste Teil seines Planes aufgehen würde, sofern alles wie vorgesehen verlief und nichts Unerwartetes dazwischenkam.

Fünf Minuten vor acht Uhr hatte John seinen Auftritt in der Polo Lounge. Ein Auftritt, der nicht unbemerkt blieb, da es höchst ungewöhnlich war, daß ein Gast im Rollstuhl den Treffpunkt aufsuchte, an dem sich all jene häufig einfanden, die in Hollywood schön, berühmt und mächtig waren.

»Haben Sie reserviert, Sir?« fragte der Oberkellner mit einiger Skepsis, da er John nicht kannte und dieser auch nicht in dem Stil gekleidet war, den er bei den meisten seiner Stammgäste gewohnt war.

»Ja, ich bin mit Mr. Nicklaus verabredet. Greg Nicklaus.«

Greg Nicklaus war einer der besten und wichtigsten Kunden der Polo Lounge, und die Geschäftsleitung hielt immer einen ihrer besten Tische für ihn frei. Das Gesicht des Oberkellners erstrahlte in einem breiten Lächeln, als er erkannte, daß er beinahe einen großen Schnitzer gemacht hätte.

»Folgen Sie mir bitte, Sir. Mr. Nicklaus und sein Gast sind bereits eingetroffen.«

John folgte ihm und sah bald den Agenten und seinen Gast am hinteren Ende des Raumes sitzen. Dann bemerkte er Ivanovitch, entschuldigte sich und teilte dem Oberkellner mit, daß er erst noch ein paar Worte mit dem Produzenten wechseln wolle, bevor er sich zu Mr. Nicklaus gesellen würde.

»Wie Sie wünschen«, sagte der Oberkellner und überließ es John, sich einen Weg zu Ivanovitchs Tisch zu bahnen, wo der Produzent mit der gefeierten Schauspielerin Julia Johnson bei einem Cocktail saß und plauderte. Das erregte die Aufmerksamkeit einer ganzen Reihe von Leuten.

Als er John näher kommen sah, wurde Ivanovitch purpurrot vor Zorn. Was machte dieser kleine Idiot hier? Warum kam er an seinen Tisch? Er wollte ihm gerade sagen, er solle zum Teufel gehen, als John, mit einer Selbstsicherheit, die auch ihn selbst überraschte, Julia Johnson seine Hand hinstreckte und sich vorstellte.

»Es ist mir ein Vergnügen, Sie kennenzulernen, Miss John-son. Mein Name ist John Blake. Mein Agent, Greg Nicklaus, erzählte mir, daß Ihnen mein Drehbuch gut gefallen hat, und sagte, er hoffe, Sie würden eventuell die weibliche Hauptrolle übernehmen. Ich kann nur sagen, daß ich mich sehr geschmeichelt fühlen würde, wenn Sie den Part spielten. Ich halte Sie für eine der größten Künstlerinnen unserer Zeit.«

Julia Johnson reichte ihm im Gegenzug ihre Hand, und John hauchte in altmodischer Galanterie einen Kuß darauf.

»Keiner liest in Hollywood«, hatte Greg Nicklaus ihm erzählt. Deshalb waren alle Beteiligten gezwungen zu lügen, wenn sie nicht zugeben wollten, daß sie etwas nicht gelesen hatten und dadurch eine günstige Gelegenheit verpaßten. Julia Johnson war keine Ausnahme von dieser Regel, darum erklärte sie: »Wie recht Sie haben! Ich fand Ihr Drehbuch wunderbar.«

Ivanovitch überlegte, ob er nicht einen schrecklichen Fehler gemacht hatte, als er sich Johns Drehbuch entgehen ließ. Mit Julia Johnsons Unterschrift auf einem Vertrag war die Finanzierung selbst des ehrgeizigsten Projekts ein Kinderspiel. Warum hatte dieser Bastard

Blake nicht gleich erwähnt, daß sie interessiert war? Oder daß sein Agent der allmächtige Greg Nicklaus war? Vielleicht war das alles auch nur ein Bluff ...

Aber seine wachsenden Zweifel wurden schnell zerstreut, als Greg Nicklaus selbst, genau nach Plan, herüberspazierte, um John guten Abend zu sagen. Er grüßte jedoch, aus Höflichkeit und um der Rangordnung Hollywoods Genüge zu tun, zuerst Julia Johnson.

»Julia, es ist, wie immer, ein großes Vergnügen. Wir sollten bald einmal zusammen zu Mittag essen.«

»Ja, sehr gern. Bei der Gelegenheit könnten wir uns weiter über Johns Drehbuch unterhalten.«

»Wenn John nichts dagegen hat«, scherzte Nicklaus.

Ivanovitch geriet durch das ganze freundliche Geplänkel völlig außer Fassung. Irgend etwas Großes ging hier vor, und er wußte nichts davon. Und ausgeschlossen zu werden war etwas, wovor er sich am meisten auf der Welt fürchtete.

»Igor, wie geht's?« fragte Nicklaus.

»Ich habe mich noch nie besser gefühlt«, erwiderte Ivano-vitch mit zusammengebissenen Zähnen.

»Gut, ich muß gehen«, sagte Nicklaus. Während er sich zu John wandte, fügte er hinzu: »Bleiben Sie nicht zu lange hier, John. Wir wollen gleich bestellen.«

»Ich komme in ein paar Minuten.«

Während Julia einen Anruf auf ihrem winzigen Handy entgegennahm, beobachtete Ivanovitch blaß vor Zorn, wie der Agent sich entfernte. Julia schien in ein angeregtes Gespräch vertieft zu sein, so daß Ivanovitch die Gelegenheit ergriff, um John zu einer kleinen privaten Unterredung beiseite zu nehmen.

»Wissen Sie, ich war mir nicht aller Faktoren bewußt, die bei diesem Abschluß eine Rolle spielen, aber nachdem Sie mein Büro verlassen hatten, habe ich Ihr Skript von einem meiner besten Regisseure lesen lassen.«

Mit leiserer Stimme fuhr er fort: »Ich bin bereit, Ihrem Scheck die Null hinzuzufügen. Ich biete Ihnen die zweihundertfünfzig Riesen, die Sie wollten. Aber ich brauche auf der Stelle eine Antwort.«

»Hören Sie«, sagte John, »lassen Sie mir vierundzwanzig Stunden Zeit, um darüber nachzudenken.«

Zähneknirschend erhöhte Ivanovitch seinen Einsatz und zischte: »Dreihundertfünfzigtausend!«

»Ich werde Sie morgen auf alle Fälle anrufen«, sagte John und hielt mutig seine Stellung. Er winkte der Schauspielerin ein ›Auf Wiedersehen‹ zu, die diese Geste zerstreut erwiderte. Ivanovitch beobachtete mit geballten Fäusten und zusammengebissenen Zähnen, wie John sich vorsichtig zwischen den Tischen hindurch bemühte. Er würde diesen Handel abschließen, und wenn es das Letzte wäre, was er tat.

John gesellte sich zu dem Agenten und dessen Gast, die beide ungeduldig warteten.

»Es ist mir ein Vergnügen, Sie kennenzulernen, Mr. Gold-man«, sagte John und streckte seine Hand aus. »Ich habe alle Ihre Drehbücher gelesen und finde sie alle fabelhaft.«

»Das ist nicht Mr. Goldman«, berichtigte ihn der Agent. »Das ist Mr. Zeller, ein freier Produzent.«

»Oh, gut«, sagte John und errötete ob seines Fehlers.

»Es hat eine kleine Programmänderung gegeben«, erklärte Nicklaus. »Als Sie in meinem Büro anriefen, saß ich gerade mit Lazarus – ich meine, Mr. Zeller – zusammen. Er ist meistens an der gleichen Art von

Projekten interessiert, auf die Ivanovitch anspringt. Tatsächlich hat Ivanovitch früher für Mr. Zeller gearbeitet, und wenn es ihm nichts ausmacht ...« Er wandte sich an den Produzenten, um von ihm die Erlaubnis zum Weiterreden zu erhalten. Zeller nickte. »Ich würde sagen, daß unser alter Freund Igor es geschafft hat, mit dem Diebstahl ziemlich vieler von Mr. Zellers Projekten davonzukommen.«

»Wo wir gerade beim Thema sind«, sagte John. »Ich möchte Ihnen für den kleinen Gefallen danken, den Sie mir erwiesen haben. Es hat wie ein Zauber gewirkt. Ivanovitch hat mir dreihundertfünfzigtausend geboten.«

»Herzlichen Glückwunsch«, sagte der Agent. »Oh, und nebenbei, Julia Johnson ist *wirklich* an der Hauptrolle interessiert.«

Zeller, der sich einen mediterranen Kleidungsstil zugelegt hatte, und sich stets mit einem großen Panamahut und in sehr hellen Anzügen sehen ließ, schürzte die Lippen, als er den von Ivanovitch gebotenen Betrag hörte. Bei der Erwähnung von Julia Johnsons Namen jedoch blitzten seine Augen heftig auf. Er griff jetzt in die Unterhaltung ein und sagte: »Hören Sie, Junge, ich habe keine Lust, mich auf einen Preiskrieg mit einem meiner Exangestellten einzulassen. Ich bin an Ihrem Drehbuch interessiert, aber ich bin nicht der Typ, der Spielchen macht. Ich bin bereit, Ihnen eine halbe Million zu zahlen, jetzt sofort. Aber keinen Penny mehr. Und Abendessen nicht inbegriffen.«

»Eine halbe Million!«

John warf dem Agenten einen hilfesuchenden Blick zu. Nicklaus nickte ihm zu und deutete damit an, daß er auf den Handel eingehen sollte.

»Ich ... ich nehme nicht gerne ein Angebot an, ohne darüber nachzudenken.«

Der Produzent zog sein Scheckbuch und einen großen Füllfederhalter heraus.

»Soll ich diesen verdammten Scheck unterschreiben oder nicht?« verlangte er zu wissen.

»Gut ... okay, Sie haben mich überredet.«

Der Produzent unterschrieb den Scheck, nahm aber, bevor er ihn überreichte, zwei Kopien eines Vertrages aus einem Umschlag und setzte in jede davon die Verkaufssumme ein. Er ließ John beide unterschreiben und gab ihm dann den Scheck. John überprüfte gewohnheitsmäßig – und auch weil er noch niemals zuvor einen Scheck über eine so große Summe gesehen hatte – den Betrag.

»Vierhunderttausend?« sagte er überrascht. »Ich dachte, Sie sagten fünfhunderttausend.«

»Durch die Unterschrift auf dem Vertrag«, erklärte ihm Nicklaus, »haben Sie zugestimmt, mich als Ihren Agenten einzustellen. Ich bekomme eine Provision von zwanzig Prozent.«

»Hunderttausend Dollar? Für eine Stunde Arbeit?« protestierte John.

»Ich weiß, es ist deprimierend. Früher, als ich jünger war, habe ich mehr verdient. Ich werde langsam alt.«

John war sich nicht sicher, ob er scherzte oder es ernst meinte, aber er wollte nicht weiter auf der Sache herumreiten. Immerhin hatte der Agent ein Recht auf seinen Anteil, da der kleine Gefallen, den er John getan hatte, dazu geführt hatte, daß dessen wildeste Erwartungen weit übertroffen worden waren. Schließlich war John auch nicht ganz ehrlich gewesen, als er Nicklaus sagte, daß ihm Ivanovitch hundertfünfzigtausend Dollar angeboten hatte, nur um das Interesse eines anderen Produzenten zu erregen oder Nicklaus als Agenten zu bekommen.

Die Tatsache, daß Greg Nicklaus sein Geld verdiente, trug viel dazu bei, sein Gewissen zu beruhigen, das in Aufruhr war, weil er auf mehr oder weniger unehrliche Mittel zurückgegriffen hatte. Aber war es nicht Nicklaus selbst gewesen, der John gelehrt hatte, daß eines der ersten Dinge, die er über Hollywood wissen mußte, war, daß, erstens, niemand jemals irgend etwas las und daß, zweitens, jedermann log?

KAPITEL 24

*In welchem der junge Mann
den Grund für sein schweres Leid entdeckt*

Als er nach New York zurückkam, eilte John als erstes zur Bank, um seinen Scheck einzureichen.

Nachdem er seine Bankgeschäfte erledigt hatte, entschloß sich John, seinem Mentor einen Besuch abzustatten; dem Menschen, der solch eine entscheidende Rolle bei seinem Erfolg gespielt hatte, auch wenn die Dinge nicht ganz so gelaufen waren, wie er vorhergesagt hatte.

Henry, der Butler, öffnete die Tür. Er grüßte John mit einem überraschten Lächeln und sagte: »Was ist mit Ihnen geschehen, Sir?«, wobei er sich auf Johns Rollstuhl bezog.

»Oh, es ist irgend etwas mit der Wirbelsäule. Mein Arzt kann nicht sicher sagen, was es ist. – Ist er da?«

»Ja, er ist draußen im Garten. Soll ich Sie begleiten, Sir?«

»Danke, ich kenne den Weg.«

Am Eingang zum Rosengarten fand John eine wunderbare weiße Rose, die auf einem der Kieswege lag. Er beugte sich hinunter, um sie aufzuheben. Es war eine von der Sorte Polarweiß. Bei seinen früheren Besuchen hatte er im ganzen Rosengarten keine so erlesene Blüte gesehen. Als er weiterrollte, entdeckte er, woher sie kam – von einem Busch, der von ihm unbemerkt scheinbar an derselben Stelle gewachsen war, an der der kranke Rosenstrauch gestanden hatte.

John war davon ausgegangen, daß der kranke Strauch abgestorben war. Jetzt staunte er, als er herausfand, daß das nicht der Fall war. Statt dessen blühte er und war von unbeschreiblich schönen weißen Blüten übersät. Und genau dieser Strauch war es auch, der das edle Exemplar hervorgebracht hatte, das er in der Hand hielt.

Also hatte es der Millionär endlich geschafft, ihn wieder gesund zu machen! John erinnerte sich an das, was der alte Mann über den Strauch gesagt hatte: »Jedesmal, wenn ich diesen Rosenstrauch sehe, denke ich an Sie. Der einzige Grund, weshalb ich zurückkam, war, mich um ihn zu kümmern.«

John war sehr bewegt, da er ebenfalls eine rätselhafte und wunderbare geistige Heilung erfahren hatte. Ganz erfüllt von Dankbarkeit schob er seinen Stuhl, so schnell er konnte, den Weg hinunter.

Er fand den alten Mann in der Mitte des Rosengartens über einen Strauch gebeugt, den er mit großer Sorgfalt beschnitt. Er trug Kleider, die John noch nie an ihm gesehen hatte: eine lange weiße Tunika und ein Paar schwarze Sandalen.

Trotz seiner Einfachheit verlieh ihm dieser Aufzug ein sehr edles, majestätisches Aussehen. Die Tunika wurde in der Taille von einem bescheidenen Strick zusammengehalten. Statt ihm einen Gruß zuzurufen, hielt John inne und beschloß, seinem alten Freund einen kleinen Streich zu spielen.

Bei ihrem letzten Treffen war John in seinen Bemühungen gescheitert, die geheimnisvolle Metallkugel einzig durch die Kraft der Konzentration in Rotation zu versetzen. Aber er spürte, daß er seitdem erhebliche Fortschritte in der Beherrschung seiner Geisteskraft gemacht hatte. Er wollte es noch einmal versuchen. Er konzentrierte sich mit aller Macht auf die Kugel. Zunächst geschah nichts, und dann, mit einem Mal, bewegte sich die Kugel.

John fühlte einen Schauer übers Rückgrat laufen. Hatte *er* das zuwege gebracht? Konnte er seine Geisteskraft nutzen, um die Kugel genauso leicht wie der Millionär dazu zu bringen, daß sie sich drehte? Wenn es nicht der Wind war. Doch dann wurde die Kugel langsamer und hielt nach ein paar Sekunden gänzlich an. John fragte sich verwirrt, ob seine neu entdeckte Fähigkeit, Dinge aus der Entfernung in Bewegung zu setzen, Wirklichkeit war oder nicht. Er versuchte es wieder und erkannte, daß seine plötzliche Freude und sein Stolz ihn abgelenkt hatten, wodurch seine Konzentration nachgelassen hatte.

Nach ein paar Sekunden fing die Kugel wieder an, sich zu drehen, jetzt noch schneller, bis sie ihren einzigartigen und geheimnisvollen Klang von sich gab.

Der Millionär schaute verdutzt auf und beobachtete die Baumwipfel, um zu sehen, ob der Wind aufgefrischt habe. Aber es gab nur eine schwache Brise, die nicht ausreichte, um die Kugel sich so schnell drehen zu lassen. John hörte auf, sich zu konzentrieren, und die Kugel kam zum Stillstand. Der Millionär beugte sich hinunter und nahm seine Gartenarbeit wieder auf.

Abermals sammelte John seine Konzentration, nun mit der ganzen Kraft, die er aufbringen konnte. Seinem Willen Folge leistend, begann die Kugel, sich zu drehen. Schnell nahm sie Geschwindigkeit auf, und schließlich erklang wieder ihre seltsame Musik. Sie lockte eine Schar Vögel an, wie es schon früher geschehen war. Die Enten im Teich wurden ebenfalls in ihren Bann gezogen und schwammen bald in einem vollkommenen Kreis um den Sockel der Kugel.

Einige Vögel landeten sogar auf Johns Schultern, was ihn ziemlich überraschte. Welchen besonderen Zauber hatte er entwickelt, während er das Leben eines Einsiedlers führte, daß er nun nicht nur dazu in der

Lage war, die Kugel zum Drehen zu bringen, sondern auch Vögel anzulocken, genau wie der heilige Franz von Assisi? War die Kraft der Konzentration so groß, so geheimnisvoll?

Der Millionär unterbrach seine Arbeit wieder, abgelenkt durch die Musik der Kugel. Bald wurde ihm klar, daß es nicht der Wind sein konnte, und er schaute sich um, bis er schließlich John erspähte.

»Ah, da bist du ja endlich!« begrüßte er John und lächelte breit, als ob ihn dessen Anwesenheit nicht im mindesten überraschte und er gewußt hätte, daß er kommt ...

»Ja«, sagte John, der sogleich von seiner Anstrengung, sich zu konzentrieren, abließ, so daß die Kugel langsamer wurde und die Vögel davonflogen.

»Ich sehe, du hast ganz schöne Fortschritte gemacht«, sagte der Millionär und sah sich nach der Kugel um, die fast aufgehört hatte, sich zu drehen.

»Ja, habe ich«, erwiderte John. »Aber das Geheimnis, in das Sie mich eingeweiht haben, damit ich es zu etwas bringe, hat nicht funktioniert. Ich habe mir ein Ziel von zweihundertfünfzigtausend gesetzt ...«

»Und?«

»Und ich habe vierhunderttausend verdient.«

»Nun, keiner ist vollkommen«, folgerte der alte Mann und grinste.

»Ja, das stimmt wohl«, sagte John und deutete auf seinen Rollstuhl. »Es hätte bestimmt geholfen, wenn Sie dagewesen wären, als es so richtig hart auf hart ging.«

»Ich war da, die ganze Zeit, an deiner Seite. Ich mußte dich manchmal sogar auf meinen Schultern tragen, wenn deine Kräfte dich verließen. Aber du hattest deine Augen geschlossen und konntest mich nicht sehen.«

Die Erwiderung bewegte John außerordentlich. Aber was ihm der Millionär als nächstes mitteilte, verblüffte ihn noch mehr.

»Ich habe dir sogar mehr geholfen, als dir bewußt ist. Wenn du die vergangenen Monate nicht in einem Rollstuhl verbracht hättest, würdest du Jahre gebraucht haben, um deinen jetzigen Erfolg zu erzielen. Und der Grund, warum du in einem Rollstuhl sitzt, liegt in dem Wein, den ich dir zu trinken gab, als wir uns das letzte Mal getroffen haben.«

»Sie meinen, ich bin behindert ... oder zumindest krank ... Ihretwegen?« verlangte John mit wachsendem Ärger zu wissen. Er umklammerte die Räder seines Stuhls, als ob er sich vor einem körperlichen Angriff auf den alten Mann zurückhalten müßte.

»Du sagtest mir, du wärest bereit, jeden Preis für das Erreichen deiner Ziele zu zahlen. Ich erinnere mich deutlich, daß ich dich mehrere Male gefragt habe.«

»Hätte ich gewußt, daß Krankheit der Preis wäre, den ich zahlen müßte, hätte ich niemals angenommen. Jetzt muß ich den Rest meines Lebens als Behinderter verbringen.«

»Die Beine deines Körpers mußten sterben, zumindest für eine Weile, damit dein Geist laufen lernen konnte. Du siehst, jetzt kannst du die Kugel drehen, zuvor hingegen warst du dazu nicht in der Lage. Also habe ich dir geholfen, dein Ziel zu erreichen. Warum bist du dann ärgerlich?«

»Ich will nicht den Rest meines Lebens in diesem Rollstuhl verbringen! Alle Ärzte sagen, es gibt keine Hoffnung.«

»Was haben die Ärzte damit zu tun? Was sie sagen, spielt keine Rolle – es ist dein Geist, der zählt. Nur dein Geist. Hast du schon vergessen, was ich dir gesagt habe? Daß Glauben Berge versetzen kann? Wenn du glaubst, daß du aus diesem Rollstuhl aufstehen und gehen kannst, wenn du es wirklich glaubst, dann kannst du es. Und niemand auf der ganzen Welt wird dich aufhalten können.«

»Denken Sie, ich hätte es nicht schon versucht, ein dutzendmal, hundertmal«, schrie John. Und er versuchte aufzustehen, setzte seine ganze Kraft ein und sammelte seine ganze Konzentration, doch vergeblich. Seine Stirn war feucht von Schweiß, sein Gesicht lief blau an vor Anstrengung. Schließlich plumpste er zurück in den Stuhl, den Kopf gesenkt, seine Lippen zu einem verzweifelten Grinsen verzerrt.

»Sehen Sie?« zischte John.

»Nein, ich sehe gar nichts. Du erinnerst mich an gewisse Menschen, die so überzeugt davon sind, daß sie keinen Erfolg haben können, daß sie alles tun, um zu versagen. Und dann gehen sie umher und prahlen damit, daß sie recht hatten, weil sie versagt haben!«

»Erfolg ist eine Sache, behindert sein eine andere.«

»Warum bleibst du hier in deinem Rollstuhl sitzen?« wollte der Millionär wissen. Seine Stimme dröhnte plötzlich mächtig und kraftvoll, als ob auch er ärgerlich wäre oder nahe daran, es zu werden.

»Weil meine Beine gelähmt sind!«

»Wer ist gelähmt?« entgegnete der Millionär in seiner seltsamen Logik und bewies, wie gewöhnlich, seine eigentümlich erhabene Methode der Problemlösung.

»Ich bin es, verdammt noch mal! Erkennen Sie mich nicht mehr?«

»Wer ist das, ›ich‹?«

»Ich ... ich bin ich!« schrie John, am Ende mit seinen Nerven, und hatte keinen Ahnung, worauf der alte Mann hinauswollte.

»Du bist nicht in einem Rollstuhl. Nicht dein wahres Selbst. Du bist ganz Geist. Du bist kein Körper. Ein Körper ist nur eine Illusion. Dein wahres Selbst ist unsterblich und allmächtig. Und deshalb sage ich:

Wenn du Vertrauen hast, wenn du verstehst, was ich gerade sage, dann steh auf und wandle.«

John fühlte, wie eine Reihe von Schauern seinen ganzen Körper durchliefen. Die Worte des Millionärs waren kein schlichter Befehl, sie waren wie machtvolle Wogen von Energie, die in ihn eintraten, ihn aufwühlten und seinen ganzen Körper erzittern ließen. Es war ein Gefühl, wie er es noch niemals zuvor erlebt hatte.

Er drückte mit all seiner Kraft auf die Armlehnen des Stuhls und streckte seine Beine aus. Mit großer Anstrengung schaffte er es, sich aufzurichten, aber dann wankte sein Vertrauen, und nach ein paar Sekunden fiel er zurück in seinen Rollstuhl. Wieder einmal senkte er beschämt sein Haupt, und Tränen liefen ihm übers Gesicht. Er war überzeugt davon, daß er für den Rest seines Lebens zur Gebrechlichkeit verdammt war.

In genau diesem Moment schien der Millionär in einen merkwürdigen Zustand einzutreten. Er hob seine Augen himmelwärts, wie um eine übergeordnete Macht anzuflehen. Gleichzeitig hob er seinen rechten Arm und fing an, einen geheimnisvollen Ton zu murmeln, leise zuerst, und dann immer lauter.

Es war das sehr alte Mantra »IU«, das er nur zu ganz seltenen Anlässen intonierte und das erstaunliche Eigenschaften besaß. Er dehnte das »I« mindestens fünf Sekunden lang und modulierte es mit nasaler, eigenartig metallischer Stimme. Dann tat er ein gleiches mit dem »U«.

Der Wind frischte auf, und Wolken fingen an, sich über ihren Köpfen zu ballen, als ob sich ein Sturm näherte. Die Metallkugel begann, sich zu drehen, und verströmte ihre Musik; Vögel scharten sich zusammen und flogen nicht nur Kreise um die Kugel, sondern auch über dem Kopf des Millionärs. Manchmal stießen sie in hohem Bogen in Richtung Himmel, als ob sie der Bahn folgten, die sein ausgestreckter Zeigefinger beschrieb. Dann stürzten sie wieder auf ihn hinab, alle zusammengeballt zu einem seltsamen und faszinierenden fliegenden Knäuel. Bald zuckten Blitze über den Himmel, und Donner grollte in der Ferne.

John hatte weder eine Ahnung, was da vor sich ging, noch wußte er, was er tun sollte. Er hatte schlichtweg Angst. Seine Furcht steigerte sich noch erheblich, als Horace, der Löwe, durch eine Hecke in der Mitte des Rosengartens brach und vor Wut brüllte. Als er John sah, hielt der Löwe in seinem Lauf inne, stand einen Augenblick stocksteif und stürzte dann auf ihn zu, als ob er eine hilflose Beute angreifen wollte. Das fügsame Haustier hatte sich unvermutet in eine wilde Bestie verwandelt, die nicht zurückweichen und kein Erbarmen zeigen würde.

Johns Verstand setzte einen Augenblick aus, und er wurde zum reinen Instinktwesen. So trat er in einen Zustand von reinem »Zen« ein, ohne es bewußt wahrzunehmen. Er vergaß, daß er seit Monaten gelähmt war, sprang aus seinem Stuhl und rannte um sein Leben. Wo das Vertrauen versagte, hatte die Angst Erfolg. Er mußte nicht lange laufen, denn der Millionär senkte seinen Arm und beendete seine geheimnisvolle Anrufung, um Horace zu rufen, der sofort auf ihn zutrottete und sich zu seinen Füßen zusammenrollte.

Der Wind ließ ganz plötzlich nach, und die Wolken über ihnen bewegten sich nicht mehr, die Vogelschar kehrte zu ihren Nestern zurück, und die Kugel hörte auf, sich zu drehen.

John drehte sich um und sah, daß der Löwe nicht mehr hinter ihm her war, sondern sich statt dessen unter den streichelnden Händen seines Herrn herumwälzte wie eine Schmusekatze. Und erst da erkannte er, daß er stand und ging. Alle Anzeichen seiner Krankheit waren verschwunden. Er konnte es nicht glauben. Er war geheilt! Was war geschehen? Noch ein Wunder? Würde er jemals die geheimnisvolle Kraft verstehen, die sein Lehrer zu besitzen schien?

Er ging auf den Millionär zu, wobei er den Löwen im Auge behielt, um sicherzugehen, daß dessen Jagdinstinkt nicht wieder erwachte.

»Was ist passiert?« fragte er mit Tränen der Dankbarkeit in den Augen.

»Deine Krankheit war nicht länger erforderlich. Sie wurde dir in einem Akt der Gnade gewährt, als Hilfe, damit sich dein Geist schneller entwickelt. Sonst hättest du Jahre gebraucht, vielleicht sogar mehr als ein Leben lang, um zum gleichen Punkt zu gelangen. Ich sagte dir, die Seele mißt die Zeit nicht auf die gleiche Weise, wie es die meisten Menschen tun. Da sie nicht länger notwendig war, verschwand deine Lähmung. Das gleiche gilt für alle Leiden und Katastrophen – sie sind uns aus Barmherzigkeit gesandt. Sie sollen uns dabei helfen, uns und unser wahres Selbst zu entwickeln, unsere wahre Kraft in uns zu finden. Gewöhnliches Glück verhindert Erkenntnis, weil es uns in Schlaf lullt – oder vielmehr zuläßt, daß wir weiterschlafen ...

Menschen, die einer Prüfung unterzogen werden, können sich glücklich schätzen. Aber wenn ein Mensch sein wahres Selbst gefunden hat, ist Leiden nicht länger notwendig. Und es ist nicht nur nicht länger notwendig, es ist auch nicht länger möglich. Hier ist nur noch Platz für Glückseligkeit, für frohen Jubel ...«

Der Millionär beugte sich hinunter und streichelte Horace liebevoll, dann machte er eine Handbewegung, mit der er die große Katze anwies, sie zu verlassen.

Ungeheure Rührung trieb John die Tränen in die Augen. Er war überwältigt von einem grenzenlosen Gefühl der Dankbarkeit, wie er es so intensiv noch nie zuvor empfunden hatte. Erfüllt von übermächtiger Liebe, ging er hinüber zu dem alten Mann und kniete zu seinen Füßen nieder. Als er dann seine weiße Robe berührte, überkam ihn ein großes Gefühl von Frieden. Der Millionär strich mit einer Hand durch Johns Haar.

Die beiden Männer schwiegen einen Augenblick ehrfürchtig, füllten den Raum um sich mit Frieden und unaussprechlicher Liebe. Dann unterbrach der Millionär die magische Stille und sagte: »Steh auf. Ich muß dich nun verlassen.«

»Schon?« fragte John, während er sich aufrichtete. Zu seiner eigenen Überraschung war er zutiefst erschrocken, als ob ihm der alte Mann gerade furchtbare Neuigkeiten eröffnet hätte.

Der Millionär wartete ein paar Sekunden, bevor er antwortete. Er blickte John mit großer Zuneigung an, wie ein Vater seinen Sohn.

»Was ich hier war zu tun, ist vollbracht. Wir sollen nicht trödeln, wenn unsere Arbeit getan ist. Ich gehe, um mich zu meinen Brüdern zu gesellen.«

»Aber ...«, stammelte der junge Mann, von plötzlicher Traurigkeit ergriffen und mit den Tränen kämpfend, »werden wir uns irgendwann einmal wiedersehen?«

»Wer weiß?« erwiderte der Millionär.

»Kann ich nicht mit Ihnen kommen? Weggehen mit Ihnen?«

»Nein, du bist noch nicht soweit. Es gibt hier immer noch einiges für dich zu erledigen. Wir sollen niemals gehen, bevor wir uns nicht um alles gekümmert haben; andernfalls müssen wir zurückkommen«, erklärte der alte Mann.

»Aber ... ich habe hier doch nichts mehr zu tun.«

»Meinst du wirklich? Gibt es nicht noch das eine oder andere, was du noch nicht bereinigt hast? Mit einer gewissen Frau, zum Beispiel?«

Natürlich dachte John sofort an Rachel, obwohl er sie dem alten Millionär gegenüber niemals erwähnt hatte. Wie konnte er dann von ihr wissen? Noch ein Geheimnis, das zu lösen er keine Zeit haben würde, da in diesem Augenblick Edgar, der Chauffeur, eintraf. Er trug eine große Schachtel, die in leuchtendrotes Papier eingewickelt war und von einem goldenen Band zusammengehalten wurde.

»Die Limousine ist bereit, Sir«, meldete Edgar und verbeugte sich zuerst vor dem Millionär und dann vor John.

»Ah, Edgar, ich sehe, Sie haben das Geschenk mitgebracht. Das ist gut.« Er wandte sich an John und sagte: »Ich schenke es dir, aber nur unter einer Bedingung.«

»Und die wäre?«

»Daß du es niemals nur aus reiner Neugierde öffnest oder weil ich es dir geschenkt habe, sondern nur, wenn du meinst, daß du es wirklich nötig hast.«

»Natürlich.«

»Und ich hoffe, du wirfst es nicht in den Fluß wie das letzte Geschenk, das ich dir vermacht habe.«

John wurde rot. Woher konnte sein Lehrer wissen, was er vor all diesen Monaten getan hatte, als er die alte Kiste in einer Geste der Verzweiflung in den East River geworfen hatte?

Aber es war keine Zeit mehr, Fragen zu stellen, da der Millionär Edgar zunickte und der Chauffeur das Geschenk überreichte. Sein erster Reflex war, es auszuwickeln, aber dann erinnerte er sich an das Versprechen, das er gerade gegeben hatte. Beschämt tätschelte er es bewundernd und brachte die Schleife, die er angefangen hatte aufzuziehen, diskret wieder in Ordnung.

Der alte Mann erwiderte sein Lächeln.

»Ich ... ich weiß nicht, ob ich eines Tages in der Lage sein werde, meine Dankbarkeit auszudrücken für alles, was Sie mich lehrten. Ich ... Wie kann ich Ihnen jemals genug danken? Ich weiß, daß ich nicht viel habe, im Vergleich zu Ihnen, aber bitten Sie mich um etwas ... egal was ...«

»Ganz egal?« fragte der Millionär.

»Ja«, sagte er scheu.

»Gut, dann, möchte ich deine Krawatte.«

»Meine Krawatte?« fragte der junge Mann und faßte danach, ein schützender Reflex. »Ich ... ich verstehe nicht, was Sie ...«

»Du sagtest, ich kann dich um alles bitten.«

»Ja, aber diese Krawatte ist etwas Besonderes für mich.«

»Warum, glaubst du, bitte ich dich darum?«

»Es ist ... es ist die Krawatte, die mein Vater trug, als er starb. Sie hat einen großen Erinnerungswert ... Ich könnte Ihnen eine kaufen, genau wie die ... Bitten Sie mich um alles«, bettelte der junge Mann verzweifelt, »aber nicht darum.«

»Ich verstehe«, sagte der Millionär. »Es war zuviel. Es ist Zeit, daß wir nun unserer Wege gehen.«

»Ich ... Nein, warten Sie ... ich ...«

Mit tränenverschleierten Augen knotete John die Krawatte seines Vaters auf, einen Knoten, den er seit dem Tod seines Vaters noch nie geöffnet hatte. Er nahm die Krawatte ab und gab sie dem Millionär, der sie mit einem wohlwollenden Lächeln entgegennahm.

In dem Moment, als John die Krawatte losließ, empfand er eine große Ruhe, ein neues Gefühl von Leichtigkeit im Innersten seines Wesens. Es schien, als ob alle Pein und alle Traurigkeit, die mit dem Tod seines

Vaters in Verbindung standen, plötzlich, wie von Zauberhand, zerstreut worden waren. Er fühlte sich frei – genauer gesagt erlöst – einer unsichtbaren Bürde entledigt, die seit Monaten auf ihm gelastet hatte.

Der Millionär schien zu verstehen, was geschah, und sein Lächeln wurde breiter, als er die Krawatte um seinen Hals band. Mit seiner weißen Tunika und seinen Sandalen bot er einen ziemlich sonderbaren Anblick!

»Wie sehe ich aus?« fragte er John, als er mit dem Binden der Krawatte fertig war.

John konnte seine Erheiterung kaum verbergen und prustete los, unfähig, sich noch länger zu beherrschen. Der Millionär fiel in das Gelächter ein, ja selbst Edgar – allerdings erst nach einigem Zögern und entgegen aller Zurückhaltung, die er normalerweise an den Tag legte, wann immer sein Herr zugegen war. Sie lachten, bis sie Seitenstechen bekamen, und als der Millionär endlich ruhiger wurde, sagte er: »Ich glaube, ich sollte diese Krawatte recht oft tragen, da sie scheinbar eine anregende Wirkung auf die Menschen hat. Und nun, John«, sagte er und holte tief Luft, »ist es wirklich Zeit für dich zu gehen.«

»Jetzt?«

»Ja. Du hast keine Minute zu verlieren. Du mußt diese Frau sehr bald sehen. Die Sterne bilden eine Konstellation, wie sie lange Zeit nicht mehr auftreten wird. Wenn ihr nicht in den nächsten Stunden zusammenkommt, wirst du sie für weitere neun Jahre verlieren. Geh. Und gib nicht zuviel auf Äußerlichkeiten. Höre nur auf dein Herz.«

Tief bewegt stellte John das Geschenk auf den Boden und warf sich in die Arme seines Lehrers und drückte ihn einen langen Moment fest an sich. Er fragte sich, wie er jemals seine Dankbarkeit ausdrücken können würde. Aber es war keine Zeit mehr, Fragen zu stellen, da der Millionär ihn von sich schob und einfach sagte: »Geh nun. Du hast nicht viel Zeit.«

Und so nahm John Abschied von dem alten Millionär. Sein Herz war schwer, und gleichzeitig war er aufgeregt bei dem Gedanken, Rachel wiederzusehen, von der er geglaubt hatte, daß sie die Frau seines Lebens war, und die nun mit einem anderen Mann zusammen war. Was sollte er ihr sagen?

Die Wahrheit, die reine Wahrheit. Sie hatte zumindest das Recht, zu wissen, was wirklich geschehen war. Daß er sie nicht verlassen hatte, weil er sie nicht liebte, sondern weil er sie nicht mit einem gelähmten Ehemann hatte belasten wollen. Er kam nicht umhin, festzustellen, daß sein Leben, trotz seines beruflichen Erfolgs, alles andere als vollkommen war.

Er war nun nicht länger gelähmt und außerdem reich oder auf jeden Fall für ziemlich viele Jahre vor Armut geschützt. Aber Rachel war nicht frei.

Gerade hatte er jedoch mehr oder weniger versprochen, zu ihr zu gehen. Der alte Mann schien zu denken, daß es von höchster Wichtigkeit war. Also mußte er die Gelegenheit ergreifen, auch wenn er dabei ein gebrochenes Herz riskierte.

KAPITEL 25

*In welchem der junge Mann
den Edelmut der Liebe entdeckt*

In ihrer Wohnung, die sie bis zum allerletzten Moment behalten wollte, war Rachel fast fertig mit den Vorbereitungen für ihre Hochzeit. Sie trug ein wunderschönes weißes Kleid, das eigens für sie, an ihre Umstände angepaßt, entworfen worden war – sie war im neunten Monat schwanger. Louis Renault, ihr Verlobter, hatte darauf bestanden, daß die Hochzeit vor der Geburt stattfinden sollte.

Rachel stand vor dem Spiegel und richtete ihren Schleier. Gleichzeitig hielt sie ein wachsames Auge auf die beiden Kinder in ihrer Wohnung – Jennifer sollte ihre Brautjungfer sein und José ihr Brautführer.

Für eine Frau, die in wenigen Stunden heiraten sollte, schien sie nicht gerade vor Glück überzuströmen. Statt dessen wirkte sie etwas melancholisch. War es die durch die erste Schwangerschaft hervorgerufene Erschöpfung? Oder war es die Musik, die aus ihrer Stereoanlage erklang. Sie spielten »Unforgettable«, was Erinnerungen weckte, die aus ihren Gedanken zu verdrängen sie sich so angestrengt bemüht hatte.

Die Kinder waren sehr aufgeregt und rannten, trotz Rachels wiederholter, wenn auch nicht überzeugter, Aufforderung, ruhiger zu sein, ständig aus dem Apartment hinaus, den Flur hinauf und hinunter und wieder hinein. So hatte John bei seinem Eintreffen keine Gelegenheit, zu läuten oder gar an die Tür zu klopfen, die bereits weit offenstand. Er trat ein und fand Rachel vor dem Spiegel stehend vor. Sie sieht umwerfend aus, dachte John in einem Anfall von Eifersucht. Aber als er näher hinschaute, war er schockiert. Sie war schwanger.

Er fragte sich sofort, was er hier sollte, warum ihn der alte Millionär gedrängt hatte, zu ihr zu gehen und sie zu sehen. Das beste wäre, auf dem Absatz kehrtzumachen und zu verschwinden, ohne ein Wort mit ihr zu sprechen. Was gab es hier noch zu sagen? Ihr die Wahrheit erzählen? Ja, er wollte ihr zumindest die Wahrheit sagen, den Grund, warum er beschlossen hatte, mit ihr zu brechen. Aber war eine solche Enthüllung für ihren Hochzeitstag geeignet? Wäre es nicht furchtbar selbstsüchtig von ihm, jetzt über all das zu reden?

Es überraschte ihn auch, »Unforgettable« zu hören. War es nur Zufall, oder war es ein Zeichen dafür, daß sie Erinnerungen nachhing und immer noch an ihre Liebe dachte? Lange konnte er Nat King Coles schmachtendem Gesang nicht lauschen, da sich Rachel umdrehte, um die Kinder zur Ordnung zu rufen. Als sie ihn sah, eilte sie als erstes zur Stereoanlage und machte die Musik aus.

Sie standen da und schauten sich einen Augenblick an, wortlos, ihren Gefühlen schutzlos ausgeliefert. Niemals in seinem Leben hatte John gedacht, daß er sich je mit einem so schmerzvollen Erlebnis wie diesem würde auseinandersetzen müssen. Die Frau, die er trotz allem als seine Lebensgefährtin betrachtete, war schwanger von einem anderen Mann und auf dem Weg, diesen zu heiraten. Die Frau, die er verloren hatte, weil er ihr nicht zur Last fallen wollte. Und das Schlimmste von allem, die Ironie dahinter, war, daß er nun völlig gesund war und reich obendrein!

Es schien ihm, daß alles seinen Preis hatte. Hätte er nicht so gelitten, nachdem er sie verlassen hatte, würde er nicht das Einfühlungsvermögen entdeckt haben, das ihm dazu verhalf, ein bewegendes Filmdrehbuch zu schreiben. Sein Leid hatte sein Herz geöffnet und sein Talent ans Tageslicht gebracht ...

Im Gegenzug hatte er jedoch die Frau verloren, die er liebte. War es das, was ihn der Millionär zu lehren beabsichtigte, als er darauf bestand, daß er Rachel finden sollte, bevor es zu spät war? Warum diese erneute Folter, diese Demütigung, dieser Kummer, wenn er zusehen mußte, wie sie ihn wegen eines anderen Mannes für immer verließ?

»John?« Rachel brachte nichts anderes heraus, als sie ihn sah. »Kinder, wartet im Flur, ja?« bat Rachel.

Trotz ihres zarten Alters schienen die Kinder den Ernst der Situation zu verstehen und zogen fügsam im Gänsemarsch ab.

Rachel schwieg. Sie wußte nicht, was sie sagen sollte. Natürlich hätte sie ihm gerne gesagt, daß sie ihn wahnsinnig geliebt hatte und vielleicht immer noch liebte. Aber er hatte ihr den Laufpaß gegeben.

Sie hatte sich verlassen gefühlt, und das mit Recht. Und in ihrer Verzweiflung hatte sie sich für die stete Freundschaft, die ihr Louis Renault anbot, erwärmt. In den Monaten des Kummers hatte er sie getröstet und wollte ihr nun die Welt zu Füßen legen. Er wollte sogar vergessen, daß er nur ihre zweite Wahl war.

Louis hatte niemals Vorteil aus ihrer Lage geschlagen, sondern war immer edel und großmütig in seiner Bewunderung gewesen. Das konnte sie von John nicht sagen, der sie zuerst verführt und dann sitzengelassen hatte.

Diese Überlegungen ließen ihr Herz erkalten, und die Gefühle, die aufgekommen waren, als sie ihn nach so langer Zeit wiedersah, versiegten. Sie wartete, wieder bereit, sich zur Wehr zu setzen.

»Ich ... ich wußte nicht, daß du ...«, begann John.

Er wagte nicht, die verhängnisvollen Worte auszusprechen, diese schmerzlichen Worte, die ihm das Herz endgültig zerreißen würden: daß sie auf dem Weg zu ihrer Hochzeit war, ja, daß sie heiraten würde, und daß sie schwanger war.

»Ja, in ungefähr einer Stunde«, war alles, was sie sagte. Sie legte eine Hand auf ihren Bauch, als ob sie Schmerzen hätte.

»Ich ... ich ...«, stammelte John. »Ich wollte dich nur noch ein letztes Mal sehen, um dir zu sagen ... um dir zu sagen, daß ich dich nicht verlassen habe, weil ... weil ich aufgehört habe, dich zu lieben. Ich war krank, ich dachte, es wäre unheilbar ... ich war gelähmt ... und ich wollte dir keinen behinderten Ehemann aufhalsen.«

Einen Augenblick lang wußte sie nicht, ob sie ihm glauben sollte. Sagte er die Wahrheit? Sie schaute ihm direkt in die Augen und erkannte, daß er nicht log, daß er völlig verzweifelt war und schrecklich litt.

Ein behinderter Ehemann? Also hatte er sie heiraten wollen! Er hatte sie nicht verlassen, nur um sie loszuwerden. Endlich begriff sie das Ausmaß des schrecklichen Mißverständnisses, das sie voneinander getrennt hatte.

Sein Motiv war edel und rein gewesen. Sie fühlte sich schwindlig, und ihre Augen wurden feucht. Aber er kam zu spät. Das Leben hatte ein anderes Los für sie beide bestimmt. Das Schicksal kann grausam sein, dachte Rachel.

Wie wunderschön sie in ihrem Hochzeitskleid aussah! dachte John. Mit ihrem glänzenden kastanienbraunen Haar, das weich durch den duftigen Schleier schimmerte, war sie schöner als je zuvor. Ihre Augen waren nie grüner gewesen, hatten nie so strahlend geleuchtet. Betrübt beschloß John, daß es das beste wäre, wenn er jetzt ginge.

»Gut, ich ... ich sollte gehen. Ich ... ich wünsche dir alles Glück dieser Welt.«

Sie wollte ihm sagen, daß sie ihn immer noch liebte, daß kein Tag vorüberging, an dem sie nicht an ihn dachte. Aber sie konnte nicht; Louis war zu lieb gewesen. Sie mußte stark sein und der Verlockung widerstehen.

John fühlte seinerseits, daß er sie in die Arme nehmen und ein letztes Mal küssen wollte, da er davon überzeugt war, daß er sie niemals wiedersehen würde. Aber er konnte einfach nicht. Ihr Brautkleid, ihre Schwangerschaft ... So viele Probleme, so viele Hindernisse auf dem Weg ...

Als er sich zum Gehen wandte, sah er überrascht, wie Louis Renault die Wohnung betrat, begleitet von Gloria, seiner früheren Verlobten. Trotz ihrer Enttäuschung, ihn eine andere Frau heiraten zu sehen, war ihre Freundschaft zu ihm stärker als ihre Eifersucht, und da sie seine beste Freundin war, hatte sie zugestimmt, seine Trauzeugin zu sein.

Louis Renault war nicht weniger erstaunt, John ausgerechnet an seinem Hochzeitstag zu sehen. Was machte er hier? Soweit ihm bekannt war, war John nicht eingeladen.

Unnötig, zu sagen, daß sich beide, John und der zukünftige Bräutigam, ziemlich unwohl in ihrer Haut fühlten. Gloria hatte keine Ahnung, wer John war, noch wußte sie etwas über seine Beziehung zu Rachel. Louis war, vorsichtig ausgedrückt, ein stolzer Mann und hatte tunlichst vermieden, etwas von Rachels unglücklicher Vergangenheit verlauten zu lassen.

Gloria sah in ihrem hellen Kleid und mit dem riesigen weißen Hut sehr elegant aus. Sie lächelte John zu und dachte, er wäre auch ein Gast, bis sie den dunklen Anzug bemerkte, den er trug und der überhaupt nicht zu einer Hochzeit paßte.

Aber es blieb keine Zeit, ein paar Worte zu wechseln oder sich einander vorzustellen, da Rachel durch den Schock, John nach so langer Zeit wiederzusehen, plötzlich von Schwindelanfällen überwältigt wurde. Sie hielt sich ihren Bauch und benötigte Hilfe, um sich auf einen Stuhl zu setzen. Sie schrie auf vor Schmerz – ihre Wehen hatten eingesetzt.

»Es kommt«, sagte sie besorgt. »Ich kann fühlen, wie es kommt. Ich muß ins Krankenhaus.«

Louis Renault eilte an ihre Seite, half ihr auf die Beine und stützte sie, als sie die Treppe hinunterstiegen. Die Kinder, die draußen warteten, erkannten schnell, was los war.

»Ich schätze, für heute ist die Hochzeit abgeblasen«, sagte eines.

»Sieht so aus«, sagte das andere.

Glücklicherweise bewies Louis Renault bemerkenswerte Geistesgegenwart und gesunden Menschenverstand, indem er ihnen eine Zwanzigdollarnote zuwarf und ihnen vorschlug, zum Trost eine Pizza essen zu gehen.

Da der berühmte Anwalt einen zweisitzigen Sportwagen fuhr, war kein Platz mehr darin für Gloria.

»Kann ich mit Ihnen fahren?« fragte sie John.

Er hatte nicht erwartet, daß er den Schmerz würde ertragen müssen, die heißgeliebte Frau einen anderen Mann heiraten zu sehen, geschweige denn dabeizusein, wenn sie dessen Kind gebar. Aber wie konnte er unter diesen Umständen ablehnen? Er hielt die Tür auf, als Gloria in seinen Mustang stieg. Das Geschenk des Millionärs, immer noch in seiner roten Umhüllung, lag auf dem Rücksitz. Gloria dachte, es wäre ein Hochzeitsgeschenk.

John verfolgte den Sportwagen, als dieser zum Krankenhaus raste und dabei ein paar Kreuzungen bei Rot überfuhr, wenn keine Gefahr drohte.

»Sind Sie ein Mitglied der Familie?« fragte Gloria John.

»Ein Freund«, sagte er, immer noch betäubt von dem, was vorgefallen war. Er fragte sich, ob der alte Millionär gewußt hatte, was ihm beim Besuch von Rachel bevorstand.

Im vorderen Wagen unternahm Rachel große Anstrengungen, um das Baby in sich zu halten. »Es will raus!« schrie sie. »Es will raus! Schnell, Louis, beeil dich!«

»Wir sind fast da, halt durch«, sagte Louis und versuchte, sie zu beruhigen.

Rachel wußte noch nicht, ob sie einen Jungen oder ein Mädchen bekommen würde. Sie hatte während ihrer Schwangerschaft ein paar Ultraschalluntersuchungen machen lassen, hatte es aber, wie ein guter Romanschriftsteller, vorgezogen, die Spannung bis zum Schluß aufrechtzuerhalten.

Etwa zwanzig Minuten später trafen sie im Krankenhaus ein.

Die diensthabenden Ärzte in der Entbindungsstation fanden es ein wenig befremdlich, sich einer Frau im Hochzeitskleid gegenüberzusehen, die drauf und dran war, ein Kind in die Welt zu setzen, und es entstand zunächst einige Verwirrung. Aber die Dringlichkeit der Situation schloß allzu vieles Nachfragen aus – es war nicht einmal genug Zeit, der werdenden Mutter das Hochzeitskleid auszuziehen.

In der folgenden Aufregung landeten Gloria, John und Louis alle mit Rachel im Kreißsaal. John, der sich reichlich fehl am Platz fühlte, versuchte, niemandem im Weg zu stehen. Alles, was den Krankenschwestern zu tun blieb, war, Rachel auf den Geburtstisch zu heben: Als der Arzt dann kam und sich über sie beugte, um einen ersten Blick auf sie zu werfen, war der Kopf des Kindes schon im Freien.

Kurz darauf tauchten die Schultern des Kindes auf, wobei Rachel ein derartig heftiger Schmerz durchzuckte, daß sie aufschrie.

»John!«

Weder der Arzt noch die Krankenschwestern nahmen groß Notiz davon. Immerhin war eine Geburt von weniger als drei Minuten Dauer ein Rekord beim ersten Kind.

»Es ist ein Mädchen!« erklärte der Arzt, hielt den Säugling hoch und gab ihm zwei, drei Klapse auf den Po, damit er schrie. Das Baby ließ sich nicht lange bitten, und eine Krankenschwester reichte dem Arzt eine Schere. Der Arzt wandte sich an Louis, in der Annahme, der sei der Vater, da er einen Smoking trug, und sagte: »Würde der Vater gern die Nabelschnur durchschneiden?«

Louis, der im Grunde ein gutherziger Kerl war, begann im Eiltempo zu überlegen. Er dachte daran, wie seine zukünftige Ehefrau im schwierigsten Augenblick der Geburt nach John gerufen hatte, mit einem Schrei, der direkt aus ihrem Herzen kam. Wenn Rachel John wirklich vergessen hätte, würde sie niemals nach John, sondern mich gerufen haben, dachte er.

Und schlagartig erkannte er, daß sie mit ihm niemals glücklich werden würde und daß er, wenn er sie wirklich so sehr liebte, wie er es ihr etliche Male gesagt hatte, sie gehen lassen, sie John zurückgeben mußte. Auf jeden Fall würde er ihrer Wiedervereinigung nicht im Wege stehen, selbst wenn er lächerlich wirken sollte und auch wenn er sich an dem Tag, der sein Hochzeitstag sein sollte, gedemütigt fühlen würde. Schließlich gab es Wichtigeres als Stolz oder Ansehen, nicht wahr?

Er sah Rachel an, die schwach zurücklächelte. Sie war verlegen, weil ihr nur zu bewußt war, was ihren Lippen im Augenblick der höchsten Not entschlüpft war, wie ein brennender Wunsch, der zu lange unterdrückt worden war. Sie wußte, daß sich ihr Herz entschieden und sie Louis, einen guten und ehrenwerten Mann, verraten hatte.

Aber nichts in Louis' Augen deutete an, daß er sie verdammte oder ihr etwas vorwarf. Sie fand darin nur Verständnis und Mitleid, wenn auch mit Traurigkeit gemischt, einem Hauch von Traurigkeit. Unvermutet stieg eine Welle der Liebe, einer Liebe, die größer war als er selbst, in Louis' Seele auf. Noch bevor Rachel ein Wort sagen konnte, hatte er ihr schon vergeben.

Er nahm die Schere vom Arzt entgegen und hielt sie John hin, der zuerst nicht verstand. Warum gab Louis ihm die Schere?

Gloria verstand sofort, was diese Geste zu bedeuten hatte. Sie drehte sich um, um Louis anzusehen. Brach sein Herz? Auch sie hatte Rachel im Augenblick der größten Qual nach John rufen hören und wußte, wie sehr dieser Schrei Louis verletzt haben mußte. Nun befürchtete sie, daß vielleicht etwas in ihm für immer zerbrochen war.

Aber als sie in Louis Augen blickte, sah sie nicht den Schmerz, den sie erwartet hatte, nur Bedauern. Er bedauerte, daß er so töricht gewesen war, sich in eine so junge Frau zu verlieben, die jung genug war, seine Tochter zu sein. Er bedauerte, Glorias Liebe abgewiesen zu haben, weil es nun zu spät für sie war, Kinder zu bekommen. Er schien sie um Vergebung zu bitten, und als er sie mit seinen blauen Augen anblickte, erkannte Louis, daß sie verstand, was er von ihr erbat, daß sie ihm vergab und ihn zurückwollte.

»Hier«, sagte Louis und reichte John die Schere. »Da Sie der echte Vater sind, sollten Sie die Ehre haben.«

John warf einen Blick auf Rachel, und die Erkenntnis traf ihn wie ein Blitz. Er nahm die Schere und durchtrennte die Nabelschnur. Der leicht verwirrte Arzt unternahm keinen Versuch, diese Leute zu verstehen. Er nahm das Baby, verknotete geschickt das Ende der Schnur und legte den Säugling dann in die Arme seiner strahlenden Mutter.

Gloria ging zu Louis hinüber, und er nahm ihre Hand, wobei er mit ihr einen Blick tauschte, der ihre Aussöhnung bestätigte. Dann sprach Louis die Worte, die Rachels und Johns Schicksal zu besiegeln schienen.

»Es sieht so aus, als sei das der Beginn einer wunderbaren Familie.«

Epilog

In den vier darauffolgenden Jahren gelang es John, noch zwei Drehbücher zu verkaufen. Aus beiden wurden Filme, die sehr erfolgreich in den Kinos im ganzen Land liefen. Ein Erfolg führt zum nächsten, und so unterzeichnete er einen Vertrag für weitere fünf Drehbücher, einen Vertrag, der seinen Status als echter Millionär sicherte.

Acht Jahre lang lebten er und Rachel in Frieden, und zusammen zogen sie ihre Tochter Gabriel auf. Aber dann, plötzlich, nach all diesen glücklichen Jahren, wurde John von dem unwiderstehlichen Drang überwältigt, das Geschenk seines alten Freundes zu öffnen ...

Weitere Titel im Schirner Verlag

Mark Fisher/Marc Allen
**Das Arbeitsbuch zu
„Der alte Mann und
das Geheimnis der Rose"**
Lernen Sie den Erfolg zu denken
192 S., Paperback
€ 10,50 [D]/sFr 19,–
ISBN 3-930944-39-1
Eine Anleitung in sieben Schritten, jeweils mit Arbeitsteil

Paul Ferrini
Zusammen Wachsen
Schitte zum liebevollen Miteinander
172 S., Paperback
€ 10,50 [D]/sFr 19,–
ISBN 3-930944-82-0
Sieben Regeln für eine faire Partnerschaft sind hier knapp aber tiefgehend formuliert, womit Sie das Werkzeug an die Hand bekommen, Ihre Beziehungen zu überprüfen und, wo nötig, zu korrigieren.

Paul Ferrini
Dem Glück auf der Spur
*Das Glück des Augenblicks
liegt in deiner Hand*
160 S., Paperback
€ 10,50 [D]/sFr 19,–
ISBN 3-930944-67-7
Wenn wir aufhören, in unserem Leben nach Fehlern zu suchen, können wir es erfüllter leben. Dann bewegt sich unser Leben mit Kraft, Zielgerichtetheit und Integrität. Nichts fehlt, nichts ist verbesserungsbedürftig, nichts kaputt. Es ist vollkommen, so wie es ist.

Meister Hsing Yun
Wahrhaftig Leben
Buddhistische Ethik im Alltag
250 S., Hardcover
€ 16,40 [D]/sFr 29,20
ISBN 3-930944-98-7
Eine in Themen gegliederte Einführung in die buddhistische Lebensweise in eingängiger Sprache und mit Beispielen aus dem Alltag